突发事件
应急决策的情报感知及实现路径研究

TUFA SHIJIAN
YINGJI JUECE DE QINGBAO GANZHI
JI SHIXIAN LUJING YANJIU

杨峰◎著

四川大学出版社

项目策划：李思莹
责任编辑：李思莹
责任校对：蒋　玙
封面设计：胜翔设计
责任印制：王　炜

图书在版编目（CIP）数据

突发事件应急决策的情报感知及实现路径研究 / 杨
峰著. — 成都：四川大学出版社，2019.6
　ISBN 978-7-5690-1735-9

　Ⅰ. ①突… Ⅱ. ①杨… Ⅲ. ①突发事件－应急对策－
研究 Ⅳ. ① D035.34

中国版本图书馆 CIP 数据核字（2019）第 126456 号

书名	突发事件应急决策的情报感知及实现路径研究
著　者	杨　峰
出　版	四川大学出版社
地　址	成都市一环路南一段 24 号（610065）
发　行	四川大学出版社
书　号	ISBN 978-7-5690-1735-9
印前制作	四川胜翔数码印务设计有限公司
印　刷	四川盛图彩色印刷有限公司
成品尺寸	170mm×240mm
印　张	10
字　数	209 千字
版　次	2019 年 6 月第 1 版
印　次	2019 年 6 月第 1 次印刷
定　价	45.00 元

版权所有 ◈ 侵权必究

◈ 读者邮购本书，请与本社发行科联系。
　电话：(028)85408408/(028)85401670/
　(028)86408023　邮政编码：610065
◆ 本社图书如有印装质量问题，请寄回出版社调换。
◈ 网址：http://press.scu.edu.cn

四川大学出版社
微信公众号

前　言

　　突发事件频发的现代社会，传统安全威胁和非传统安全威胁并行交织，给应急管理带来了新的挑战。突发事件的风险监控和应急预防强烈依赖于对已有情报资源及其依存情景的分析，然而当前应急管理情报研判往往缺乏特定问题的情景嵌入，导致突发事件应急决策情报工作的被动和游离。突发事件应急决策的情报感知及实现路径研究，强调情报资源是一定情景下的产物，并依赖特定情景实现价值和发挥作用。因此，基于情报资源的情景要素描述以及基于情景相似度检验的情报感知实现就显得尤为关键，唯此才能快速推演事件态势演变，有效响应频频发生的突发事件。

　　针对上述问题，本书基于情景应对视角研究突发事件应急决策的情报感知及实现路径问题，进而为突发事件应急管理制定决策方案提供方法支持。全书共 7 章：第 1 章对研究背景和研究意义进行了阐释，提出了本书的主要研究内容、采用的研究方法和创新之处。第 2 章对国内外应急决策情报感知的发展现状进行了综述，从实践研究和理论研究两个方面展开。第 3 章分析了情景嵌入的情报感知研究基础，强调了情报资源是一定情景下的产物，并依赖特定情景实现价值和发挥作用。第 4 章选取危险化学品事故作为研究对象，应用扎根理论对突发事件情景要素进行提取。第 5 章利用相似度匹配法对不同类型的突发事件进行情景相似度检验，以此验证突发事件应急决策情报感知实现的可行性。第 6 章提出应急决策情报感知的政策建议，即必须有赖于突发事件情报资源集合的构建、专家经

1

验知识的质性分析、情景相似度的技术检验，并最终利用相似历史情景构建当前事件未来可能的情景组合。第 7 章对全书的内容进行了总结，并提出了对今后研究的展望。

本书的出版得到了中国博士后科学基金项目（2016M592685）和四川大学创新火花项目库（2018hhs—51）的资助。感谢四川省社会科学院副院长姚乐野教授对本书撰写的指导，感谢研究生张月琴在案例收集整理方面的帮助，还要感谢四川大学出版社李思莹老师给予的帮助！本书在编写过程中参考了国内外许多专家学者的研究成果，并列入参考文献，在此表示衷心感谢。

鉴于笔者学识水平和实践能力的局限，书中不当之处在所难免，敬请读者批评指正。

杨　峰

2019 年 3 月

目　录

第1章 绪 论

1.1 研究背景

当前中国正处于经济社会发展与转型的关键时期，社会矛盾相对集中，加之自然环境的变化，各种突发事件频发。2007 年 11 月 1 日起开始施行的《中华人民共和国突发事件应对法》将突发事件分为自然灾害、事故灾难、公共卫生事件和社会安全事件四种类型。近年来我国发生的比较严重的自然灾害类突发事件有 2008 年 "5·12" 汶川地震、2008 年南方雪灾、2010 年 "8·7" 甘肃舟曲泥石流、2013 年 "4·20" 芦山地震等，事故灾难类突发事件有 2011 年 "7·23" 温州动车事故、2013 年 "11·22" 青岛输油管道爆炸事故、2014 年 "12·31" 上海外滩踩踏事件、2015 年 "8·12" 天津滨海新区爆炸事故、2015 年 "12·20" 深圳山体滑坡事故等，公共卫生类突发事件有 2003 年 SARS 事件、2007 年和 2013 年禽流感事件等，社会安全类突发事件有 2009 年 "7·5" 新疆乌鲁木齐打砸抢烧暴力犯罪事件、2012 年 "1·23" 四川甘孜炉霍打砸抢暴力事件、2014 年 "3·1" 云南昆明火车站暴力恐怖事件等。这一系列突发事件呈现出爆发频繁、涉及人口多、波及范围广、危害性大等特征，严重威胁到公民生命、健康和财产安全，对国家和社会造成了难以估量的巨大损失和负面影响。

突发事件频发的现代社会，传统安全威胁和非传统安全威胁并行交织，由突发事件及其演化的次生、衍生灾害事件，对当前的应急管理决策带来了新的挑战。突发事件的高度不确定性使得应急管理难以采取常规性管理方式进行处置，也深刻印证着这样一句话：最大的风险就是不知道风险。我国在 2003 年抗击 "非典" 之后，全面性的应急管理体系建设开始起步，逐步建立了以应急预案、应急管理体制、应急运行机制和应急管理法制为主体的 "一案三制" 应急管理工作体系。2018 年 3 月国务院机构改革，设立中华人民共和国应急管理部。该部门作为一个整合优化应急力量和资源的组织部门，承担着提高国家应急管理水平，增强防灾减灾救灾能力，确保人民群众生命财产安全和社会稳定的重大任务。在基本建立的应急管理工作体系中，强调了突发事件预防、监测、预警、处置方面情报的重要性。2006 年 1 月 8 日发布并实施的《国家突发公共事件总体应急预案》强调，"根据预测分析结果，对可能发生和可以预警的突发公共事件进行预警"。"预警信息包括突发公共事件的类别、预警级别、起始时间、可能影响范围、警示事项、应采取的措施和发布机关等"。2007 年 11 月 1 日起开始施行的《中华人民共和国突发事件应对法》提出，"国务院建立全国统一的突发事件信息系统。县级以上地方各级人民政府应当建立或者确定本地区统一的突发事件信息系统，汇集、储存、分析、传输有关突发事件的信息，并与上级人民政府及其有关部门、下级人民政府及其有关部门、专业机构和监测网点的突发事件信息系统实现互联互通，加强跨部门、跨地区的信息交流与情报合作"。除此之外，在地方性法规和部门规章中也有对于突发事件中情报工作的相关规定，凸显了情报在突发事件应急管理决策中的关键作用，充分肯定了情报体系在突发事件应急管理中具有前提、核心和保障的战略地位。我国各级政府在"一案三制"的核心思想指导下也很重视信息情报体系工作，并在地震应急管理、城市应急管理、煤矿应急管理方面进行了较多的实践。

诚然，从海量碎片化信息中感知、提炼出高质量情报，为业务活动决策提供参谋，是面向突发事件的应急管理工作对跨学科集成中情报工作的重要要求，然而应急管理情报工作往往缺乏特定问题的情景嵌入，这使得情报的耳目、尖兵和参谋效用大打折扣，难以快速有效地响应频频发生的突发事件。传统的信息序化和情报转化容易忽略情报信号的时间先行性和情报资源存在的真实情景，对已有情报资源赋予意义敏感度不够、认知不清、判断不足，由此造成情报感知能力缺失，难以有效捕捉和挖掘突发事件情报资源，导致突发事件应急决策中情报工作的被动和游离。因此，通过相关技术方法利用突发事件的情报资源并进行智能转化和推理研判，从而为突发事件应急决策提供支撑服务的情报感知就显得尤为重要。本书基于情景应对视角研究突发事件应急决策的情报感知及实现路径问题，积极尝试"历史与现场"双重要求下的情报工作范式，进而为突发事件应急管理制定决策方案提供方法支持，在一定程度上对当前应急管理决策的政策制定和应急措施的制定提供参考。

1.2 研究意义

1.2.1 研究的理论意义

面向突发事件的应急决策问题研究是一个复杂的工程，实践中的突发事件应急决策比我们想象的要困难、复杂很多，不是单靠一个学科就能解决的，需要管理学、社会学、信息科学等多学科领域的相关知识。突发事件应急决策的情报感知及实现路径研究，是以大数据、泛在智能为特征的信息环境下应急管理实践的自适应应用导向，能够推进管理学、信息科学、传播学等学科之间的跨学科集成研究，促进多学科交叉融合，因此具有重要的理论意义。

本书主要基于典型案例的情景分析，讨论突发事件应急决策的情报感知及实现路径问题，进而为突发事件应急管理制定决策方案提供方法支持，在一定程度上丰富了公共管理和公共决策的理论内容，以及突发事件快速响应情报体系的基础理论研究，为面向突发事件的应急管理决策提供理论支撑。

1.2.2 研究的现实意义

党的十九大强调"加强预防和化解社会矛盾机制建设，正确处理人民内部矛盾。树立安全发展理念，弘扬生命至上、安全第一的思想，健全公共安全体系，完善安全生产责任制，坚决遏制重特大安全事故，提升防灾减灾救灾能力"。突发事件应急决策问题的研究，是关系到国家经济社会发展全局和人民群众生命财产安全的大事，是促进科学发展、和谐发展的必然要求，是各级政府完善政府社会管理和公共服务职能的重要体现。因此，通过突发事件应急决策的情报感知及实现路径研究，将情报工作与社会高度关注的应急管理深度融合，为应急管理部门建设快速响应的协同联动情报体系提供一定的理论参考，对突发事件的现场处置与应急部署有着积极的实践意义。它强调了国家治理体系构建和治理能力现代化中突发事件应急决策情报工作研究的必要性。

1.3 研究内容

（1）应急决策情报感知的国内外发展综述。本章对国内外突发事件应急管理工作中的实践经验进行了梳理，并对涉及应急决策情报感知的理论研究进行了相应评述，为突发事件应急决策的情报感知及实现路径研究提供了可资借鉴的思路。

（2）情景嵌入的情报感知研究基础。本章在讨论突发事件应急决策的公共管理基础理论和情报工作重要性的基础上，提出了突发事件应急决策的情报感知问题和应用思路，强调情报资源是一定情景下的产物，并依赖特定情景实现价值和发挥作用，因而在情景分析的基础上探究突发事件应急决策的情报感知问题尤为必要。

（3）突发事件的情景要素提取。本章在情景要素分析的基础上，选取危险化学品事故作为研究对象，应用扎根理论对突发事件情景要素进行提取，以形成突发事件情景维度，为突发事件应急决策的情报感知实现提供原始材料。

（4）情景相似度检验的情报感知实现。本章首先讨论了突发事件情报资源的知识表示，以及在知识表示基础上形成具体案例的文本表示，然后以危险化学品事故的情景要素为素材，利用相似度匹配法对不同类型的突发事件进行情景相似度检验，呈现突发事件应急决策的情报感知实现过程。

（5）应急决策情报感知的政策建议。突发事件应急决策的情报感知工作有赖于突发事件情报资源集合的构建、专家经验知识的质性分析和情景相似度的技术检验，并最终利用相似历史情景构建当前事件未来可能的情景组合。

（6）总结与展望。本章对全书的内容进行了总结，认为只有对与突发事件相关的情景要素进行全面、及时、有效的理解和认知，才能更好地感知突发事件的发展态势。未来将对全源情报资源下情报感知实现方法的有用性和适用性、情景要素及其实体的语义化描述、基于情报感知的情景构建等问题展开研究。

1.4 研究方法

（1）情景分析法。情景分析法在公共管理领域具有广泛的应用前景，并有着来自跨学科的理论、方法和技术的有力支撑。利用情景分析法对突发事件的未来态势进行描述，能够为后续的情景组图、应急导航等情景开发方式提供支撑。

（2）扎根理论法。扎根理论的开放式编码、主轴式编码和选择式编码可以有效地将现象概念化，将概念条理化。应用扎根理论对危险化学品事故的情景要素进行提取，以形成突发事件情景维度，为后续的突发事件应急决策的情报感知实现提供原始素材。

（3）案例分析法。在突发事件情景要素提取、突发事件情报资源知识表示、突发事件情景相似度检验等部分，将对具体案例进行相应分析，深度解析突发事件情景要素提取和情报感知工作。

（4）相似度匹配法。突发事件应急决策的情报感知工作需要将当前事件与历史事件的情报资源进行匹配。相似度匹配法能够基于情景相似度匹配凸显突发事件情报资源的敏感指标，为后续可能出现的若干情景及其内容的组合分析、推演和研判提供强力支撑。

1.5　创新之处

（1）基于情景应对视角研究突发事件应急决策的情报感知及实现路径问题，是达成"历史的现场直播"和"现场的历史推演"应急管理情报工作研究范式的视角创新。情景应对视角下的情报感知工作将探究如何融历史、未来、事件、情景、情报于一体，努力满足应急管理中现场的历史感和历史的现场观的双重要求，提升全面、实时的生产安全事故情报敏感度、认知和判断能力，是对"历史推演与现场直播"下突发事件应急管理情报工作研究范式的一种积极尝试。

（2）基于情景分析、扎根理论、案例分析、相似度匹配等方法的情报研判实证研究，是实现"情景要素"与"情报资源"之间关联的情报工作方法集成创新。通过情景分析，应用扎根理论对生产安全事故情景要素进行提取分析，是统一情景要素、认知情报特征、实现情报感知的重要突破口。利用案例分析、相似度匹配等方法，能够跨越底层数据与高层情报之间的鸿沟，最终在知识驱动下对可能出现的若干情景及其内容进行组合分析和研判。这是对应急管理情报联动要求下的"资源聚合与事件驱动"协调规划方案的一种努力探索。

第2章　应急决策情报感知的国内外发展综述

国内外在突发事件应急决策实践中已经形成了应急管理情报工作的许多成功经验。国外应急管理工作在情报资源收集、应急信息系统建设、跨部门情报共享合作等方面为突发事件应急决策的情报感知工作提供了丰富的实践经验。国内突发事件应对和处置工作也为情报感知工作的开展提供了较为坚实的实践基础。在突发事件应急决策情报感知的理论研究上，国外注重跨学科领域的综合研究和对不同类型突发事件的细化讨论，国内则主要关注突发事件应急决策情报感知的基础理论、技术方法、工作流程和应用服务等。

2.1　国外应急决策情报工作的实践研究

当今世界机遇和挑战并存，预防和应对各种突发性的事件、危机和风险，成为国际社会和世界各国政府面临的重大课题。很多国家在突发事件应急决策实践中已经形成了应急管理情报工作的成功经验，这对于我国提高突发事件应急决策的情报感知能力具有一定的借鉴意义。本部分选取美国、日本、德国等具有代表性的国家，对这些国家具体部门的突发事件应急决策情报工作实践加以总结，为我国提升突发事件应急决策的情报感知能力，更加积极主动、快速有效地应对各种突发事件，实现可持续发展与和谐稳定发展，提供可资借鉴的参考。

2.1.1　美国政府的应急决策情报工作

美国政府向来重视突发事件的信息情报管理工作，早在1979年就组建了联邦应急管理署（Federal Emergency Management Agency，FEMA），统一协调全国所有自然灾害信息的收集、分析、处理和传递，以保证联邦政府为受灾地区提供及时而周到的援助。1994年，美国政府修订了联邦应急计划，明确和规范了各个部门的应急救助职责与工作程序，以应对任何重大的自然灾害、技术性灾害和紧急事件。2001年"9·11"事件发生后，美国政府进行了一系列的情报机构改革，以联邦应急管理署为基础，组建了美国国土安全部（United States Department of Homeland Security，DHS），形成了多层次情报体系，以应对更为广泛的紧急事件的救助，但联邦应急管理署依然具有相对的独立性。联邦应急管理署在信息情报工作方面主要有三项职责：一是协调全国救灾机构信息方面的收集、分析、处理、合成、报告和发布活动；二是协调全国的灾情评估，包括组建评估小组和调度评估人员，运用遥感和勘测技术以及地理信息系统对救灾工作进行指导与协调等；三是为各州紧急事务救援中心、地区救援中心和灾害现场办公室等级别的灾情信息整理与报送提供人员支持。[①]

2011 年，美国政府根据奥巴马总统签发的《总统政策第 8 号指令》，相继制定了《全国准备目标》《全国准备系统》和 5 个"全国规划框架"（《全国预防框架》《全国保护框架》《全国减灾框架》《全国响应框架》《全国恢复框架》），以及 3 个"联邦跨机构行动计划"、3 个"综合准备指南"等一系列文件。2015 年，美国政府又陆续对"全国规划框架"和"联邦跨机构行动计划"进行了修订，并且发布了第二版《全国准备目标》，将突发事件信息情报工作放在了更加重要的位置，突发事件信息情报工作取得了较大进展。其主要做法：一是着力建设"情报和信息共享"核心能力，优化突发事件信息获取和传递网络；二是着力建设"现场形势评估"核心能力，提高应急响应期间突发事件信息获取和处理水平；三是将"信息和计划"列入"应急支持功能"，保障部门之间突发事件信息传递的顺畅；四是推动建立"协作伙伴关系"，促进全社会的信息沟通协调顺畅；五是改进完善"国家突发事件管理系统"，统一规范信息工作程序。[②]

2.1.2　日本政府的应急决策情报工作

日本恶劣的自然环境导致该国自然灾害频频发生，但也促使其灾害应急管理处于世界领先水平。1961 年，日本国会通过了《灾害对策基本法》，设置了中央救灾委员会作为中央行政管理的综合协调机构，其下设 24 个中央的省和厅作为"指定行政机关"以具体安排救灾事务，60 个日本银行和日本电信电话公司以及运输与电力等重要的公司或事业单位作为救灾的"指定公共机关"

---

① 民政部灾害信息管理项目建设考察团. 加快灾害信息管理系统建设——美国、日本灾害应急管理系统建设启示 [J]. 中国减灾，2004（5）：49-51.
② 张政. 美国重构应急体系后加强突发事件信息工作的主要做法及特点 [J]. 中国应急管理，2016（1）：78-79.

以具体安排和贯彻救灾行动计划。日本构筑了以总理府、省政府和地方政府为核心，由各部、各专业领域和各层次力量组成的多角度、多领域、多层次的协作系统，其核心设施是装设在灾害对策本部会议室内的灾害视听系统和应急对策显示系统。日本政府还建立了应急联络卫星移动电话系统，防灾情报卫星发报系统，灾害信息收集、传输情报共享系统，以及气象立体观测系统和地震监测系统。

以"情报立国"的日本，运用其完善和有效的灾害情报系统，以避免在面对地震、火山爆发、风灾等灾害时遭受更大的损失。其核心的信息机构、发达的管理网络、现代的信息技术使得日本在灾害治理方面有着高效的信息传输渠道。一方面，日本有着世界著名的菲尼克斯灾害管理系统，囊括信息网络系统、环境信息手机发布系统、灾害评估系统、地图信息系统、灾情信息系统、可视信息系统、灾害管理通信支持系统、灾害响应对策支持系统等功能软件，实现了应急管理系统在接到突发事件报警后，能通过各种系统了解到突发事件的发生地点、种类、级别、后果，需要应急资源的种类和数量等信息。另一方面，日本根据数字化、信息化、网络化等高新技术所具有的特点，将高度发达的通信系统运用于灾害管理，使灾害信息系统具有先进的技术支撑。日本有着一个包括由卫星通信、移动通信、固定通信组成的中央防灾无线网，卫星监控与地面监控并用的消防防灾无线网，省一级、市区级的防灾行政无线网，以及防灾相互通信网在内，上自政府部门、下至居民家庭的高水平的危机管理信息传递系统。同时，日本在1995年阪神大地震之后建立起了全国性的灾害情报网络，除了在全国建立气象防灾情报系统、地区气象观测情报系统、河流流域情报系统、道路灾害情报系统外，还灵活运用地图信息以及全球定位系统（GPS）、地理信息系统（GIS）与计算机辅助设计（CAD）、遥感（RS）、多媒体、虚拟现实（VR）、因特网等相结合的技术，构建了具有很强操作性的重要情报汇集系统以及包括恐怖袭击在内的受灾预测系统等。[①]

2.1.3 德国政府的应急决策情报工作

德国是应急管理体系高度发达的国家，在突发事件应急决策方面有一整套完善、灵活而又高效的应急管理体系，主要由联邦政府负责战争状态下的民事保护和16个州政府负责和平时期的灾难救助工作两个层次构成。尤其值得一

---

① 李俊，聂应德. 日本灾害信息系统及其运作：经验与启示 [J]. 东南亚纵横，2009（2）：101-105.

提的是，2004 年德国联邦政府设立联邦民事保护与灾难救助局（Federal Office of Civil Protection and Disaster Assistance），作为中央一级负责民事保护、优先统筹等所有相关任务及信息的机构，协调联邦政府各部门以及与各州政府之间的关系。其具体的职能有四个方面：一是处理联邦政府有关民事保护的任务；二是支援联邦政府及各州的危机管理；三是联邦政府与各州的共同报告和形势中心；四是为行政机关、组织及人民提供专业的咨询服务。①

就德国的应急决策情报工作而言，由联邦民事保护与灾难救助局这个机构组建的"共同报告和形势中心"和开发的"德国紧急预防信息系统"成为德国危机管理的两大武器。"共同报告和形势中心"是德国危机管理的核心，负责优化跨州和跨组织的信息和资源管理，加强联邦各部门之间、联邦与各州之间以及德国与各国际组织之间在灾害预防领域的协调和合作。"德国紧急预防信息系统"则提供了内外两套德国突发事件的情报信息系统：DeNIS Ⅰ为开放的公众使用系统，任何人都可以通过因特网登录该系统数据库，获得自己所需要的与各种灾害有关的信息，包括国家情况、政府管理、灾害种类、资源利用以及经验总结等。它通过在因特网上建立一个开放的平台来收集因特网上已有的许多信息。DeNIS Ⅱ作为 DeNIS Ⅰ的升级版系统，是一个封闭的内部决策参考系统。作为一个信息和通信系统，其目标是在危机发生时支持联邦和州政府的决策者更好地与救援机构和队伍建立联系，其核心任务是连接、处理和储存联邦、州及各个救援组织现有的关于特殊危险及损害地点管理的信息，有效地支援复杂地形区域所需的危险管理需要，帮助决策者有效开展危机管理，从而减轻决策层的风险评估和资源管理工作。②

2.2　国外应急决策情报感知的理论研究

国外应急决策情报感知的理论研究主要贯穿于应急管理中的情报资源、情报系统、情报服务等方面，这些内容的理论研究近几年呈现出大幅增长的态势。本部分主要从这些方面展开，以梳理国外突发事件应急决策情报感知的相关理论研究现状。

---

① 宋劲松，邓云峰. 中美德突发事件应急指挥组织结构初探 [J]. 中国行政管理，2011（1）：74—77.

② 华梅. 德国应急管理考察及体会 [J]. 中国应急管理，2010（3）：49—55.

2.2.1　应急决策情报感知的资源问题

面向突发事件应急决策的情报感知是以情报资源作为物理资源基础的，情报资源是应急决策情报感知进行综合定性分析和定量分析的基本素材。Spulak（2012）强调，如果没有适当的情报支持，应急管理几乎不可想象。情报资源支持始终贯穿于应急管理的所有阶段，无论是突发事件应急管理的规划和准备期，还是应急管理的响应和恢复期。① Besaleva 和 Weaver（2014）认为，富有效率的应急管理的出发点是信息支持的特别优化。②

突发事件情报资源是一个多类型、多领域的信息集合体。Dan 和 Morar（2011）认为，提供情报的规模和重要性逐渐成为应急管理情报系统设计和架构的国际标准化参考，显然情报资源对于有效决策和应急管理具有突出的功能特征。③ Liang 等（2014）强调，在应对突发事件过程中，海量、异构和实时的情报数据的获取、处理和分析是应急监测和预警的核心部分。④ Kilgore 等（2013）的研究表明：在突发事件危机处理期间，应急管理人员必须迅速整合许多有独立来源的情报资源，以满足其角色的特定需求并做出时间敏感决策，但应急管理者在通过许多软件应用程序接收到这些情报资源时，面临着如何将各种异构数据整合到一起的挑战；而且负有不同功能的个人回应者，例如警察和消防员，通常具有不同的信息需求，但是现有的工具不能提供单独的工作空间定制来支持这种需求。响应者使用文本、语音或其他多模式协作系统进行交流时，重要细节也可能会丢失或随着时间的推移而变得陈旧。⑤

---

① Spulak P. Web services and information support during emergencies [C] //Proceedings of the 4th International Conference on Cartography and GIS. Albena：Bulgarian Cartographic Association，2012：39—45.

② Besaleva L I，Weaver A C. CrowdHelp：M-Health application for emergency response improvement through crowdsourced and sensor-detected information [C]. 2014 Wireless Telecommunications Symposium. IEEE，2014：1—5.

③ Dan G，Morar L. Information management in emergency situations [C]. Proceedings of the 2nd Review of Management and Economic Engineering Management Conference：Management of Crisis or Crisis of Management?，2011：247—253.

④ Liang Y，Jiang W G，Huang C F. Methods of heterogeneous multi-source information fusion and applications in emergency monitoring and early warning [M] //Huang C，Bao Y，Zhao S. Information Technology for Risk Analysis and Crisis Response. Paris：Atlantis Press，2014：316—321.

⑤ Kilgore R，Godwin A，Davis A，et al. A Precision Information Environment（PIE）for emergency responders：providing collaborative manipulation，role-tailored visualization，and integrated access to heterogeneous data [C]. Technologies for Homeland Security（HST），2013 IEEE International Conference，2013：766—771.

　　可见，不同类型突发事件应急决策的情报感知对情报资源有着不同的需求。Ding 等（2012）的研究指出，破坏性地震发生后的现场指挥救援行动迫切需要与地震灾害，当地人口、经济和建筑物分布，道路交通，救援队伍，救援行动，救援物资和设备等各种紧急相关联的情报资源。① Power 等（2013）通过考察澳大利亚灾害管理的过程，认为历史档案、社区细节、实时权威事件信息和社交媒体内容是情报工作的核心内容，这些情报资源的有效利用能够为应急管理组织提供质量更高的信息，以便科学决策，从而改善区域应急管理。② Erd 等（2016）提出，自然灾害发生后，隧道、建筑物、桥梁等信息的收集对于加快救援工作和保护消防员至关重要，无线传感器网络能够将关键数据传递到应急管理部门，有效启动救援程序。③ Ozbek 等（2016）以土耳其火灾为例，讨论了突发事件应急管理地理信息模型框架中对事件类型、区域、主体、过程、活动、任务、数据等组成部分的情报资源需求问题。④ Abir 等（2016）以美国埃博拉病毒管理为调查案例，检验信息网络如何及时提供数据以快速响应公众健康紧急情况，发现专业协会利用其成员网络及时收集调查数据并在公共卫生突发事件发生期间立即通报是一种非常有效的做法。⑤

2.2.2　应急决策情报感知的系统问题

　　信息技术推动下的应急决策情报感知工作中的一个重要基础就是情报系统。应急管理情报系统是面向突发事件应急决策的快速响应情报服务平台，能对突发事件进行管理和控制，从而推动情报感知工作的有效开展。Amaye 等

　　① Ding X，Wang X Q，Dou A X. The development of GIS-based earthquake field emergency command management information system [C]. 2012 IEEE International Geoscience and Remote Sensing Symposium，2012：539−542.

　　② Power R，Robinson B，Wise C，et al. Information integration for emergency management：recent csiro case studies [C]. 20th International Congress on Modelling and Simulation (Modsim2013)，2013：2061−2067.

　　③ Erd M，Schaeffer F，Kostic M，et al. Event monitoring in emergency scenarios using energy efficient wireless sensor nodes for the disaster information management [J]. International Journal of Disaster Risk Reduction，2016，16（6）：33−42.

　　④ Ozbek E D，Zlatanova S，Aydar S A，et al. 3D Geo-information requirements for disaster and emergency management [M] //Halounova L，Li S，Safar V，et al. XXIII ISPRS Congress，Commission II，2016：101−108.

　　⑤ Abir M，Moore M，Chamberlin M，et al. Using timely survey-based information networks to collect data on best practices for public health emergency preparedness and response：illustrative case from the American College of Emergency Physicians' ebola surveys [J]. Disaster Medicine and Public Health Preparedness，2016，10（4）：681−690.

（2015）将应急管理情报系统描述为用于突发事件快速响应和决策支持的专门的信息和通信技术工具，认为其成功的关键不仅在于情报系统能契合应急管理的维度和需求，而且在于情报系统能满足最终用户的需求。[①] Vaz 等（2016）的研究表明，应急管理情报系统成功的关键因素包括：采用标准化系统确保信息的质量和效用；可灵活、简单地升级计算机系统；便于访问可用的数据；能确保系统的组织技能和领导能力；使用简单、可负担的通信系统，实现信息共享；投资、维护方面的协调配合。[②]

在情报系统的研究中，Fan（2013）强烈推荐将地理信息系统和全球定位系统作为主要信息技术，并认为应分享重要的空间信息，以协助政府应急管理部门处理突发事件。[③] Crisan 等（2017）对如何应用地理信息系统设计应急管理物流网络进行了讨论。[④] Shen 等（2012）通过实验测试决策者是否能正确使用应急管理情报系统的三维显示格式，提出应急管理专业人员培训以及应急管理情报系统设计改进等建议。[⑤] Sun 等（2012）通过对应急管理的紧急疏散信息进行分析，认为紧急疏散信息系统是突发事件应急疏散管理的关键，提出了紧急疏散信息系统的设计思想，并对信息系统的施工保障策略进行了说明。[⑥]

在自然灾害、事故灾难、公共卫生事件和社会安全事件应急管理的具体应用中，情报系统能够对突发事件信息、预测方案、指挥调度与地理信息等各项情报资源进行整合，快速感知应急决策所需情报资源，从而为科学决策提供有力保障。例如，Ding 等（2012）研究了地震现场应急指挥管理信息系统——专门为地震应急救援现场指挥、数据管理和信息服务开发的管理信息系统，该

---

① Amaye A，Neville K，Pope A，et al. Collaborative disciplines，collaborative technologies：a primer for emergency management information systems ［M］//Pimenidis E，Odeh M. Proceedings of the 9th European Conference on IS Management and Evaluation，2015：11—20.

② Vaz N，Alturas B，Fernandes A L. Information system for emergency management in Mozambique：critical success factors ［C］//Rocha A，Reis L P，Cota M P，et al. 2016 11th Iberian Conference on Information Systems and Technologies，2016.

③ Fan B. The impact of information technology capability，information sharing and government process redesign on the operational performance of emergency incident management systems ［J］. Information Research，2013，18（4）：1—18.

④ Crisan G C，Pintea C M，Palade V. Emergency management using geographic information systems：application to the first Romanian traveling salesman problem instance ［J］. Knowledge and Information Systems，2017，50（1）：265—285.

⑤ Shen M，Carswell M，Santhanam R，et al. Emergency management information systems：could decision makers be supported in choosing display formats? ［J］. Decision Support Systems，2012，52（2）：318—330.

⑥ Sun Q F，Kong F S，Zhang L，et al. Construction of emergency evacuation information system based on the internet of things ［J］. Information，2012，15（12a）：5363—5370.

系统能为地震破坏调查、地震损失测量、震后科学考察等方面提供有效支撑。① Gotham 等（2015）研究了情报系统如何确保和提高公共卫生突发事件生命周期各阶段活动的有效性问题，确保对紧急健康事件的最佳反应，主要包括规划、监视、提醒、资源评估与管理、数据驱动决策支持、预防和控制人群疾病或损伤的干预措施。② Landman 等（2015）通过描述 2013 年波士顿马拉松爆炸事件期间应急部门的情报系统应用情况，认为需要修订突发事件登记工作流程，更新电子系统的功能，同时需要增强技术能力，例如采用射频识别技术进一步改善突发事件信息管理和通信，以更好地支持应急管理。③

2.2.3　应急决策情报感知的服务问题

突发事件应急决策情报感知的最终目标是为应急管理提供情报服务。国外对情报工作与服务对接有着清晰的认知。Fingar（2011）认为，情报工作就是要预测和识别问题，要以情报服务的问题解决为导向避免失误。④ Clark（2012）提出，应以目标为中心，通过从战略到任务的情报问题界定来分析问题。⑤ Voshell 等（2014）对过于碎片化的信息限制情报工作能力的问题进行了辨析。⑥ Walsh（2015）研究了基于情报过程和关键活动的情报架构问题。⑦

具体到突发事件应急决策情报感知的服务问题，Grier 等（2011）讨论了跨界和多区域管辖的应急情况取决于获取相关信息和获得此类信息的可行性，

①　Ding X，Wang X Q，Dou A X. The development of GIS-based earthquake field emergency command management information system ［C］. 2012 IEEE International Geoscience and Remote Sensing Symposium，2012：539－542.

②　Gotham I J，Le L H，Sottolano D L，et al. An informatics framework for public health information systems：a case study on how an informatics structure for integrated information systems provides benefit in supporting a statewide response to a public health emergency ［J］. Information Systems and E-Business Management，2015，13（4）：713－749.

③　Landman A，Teich J M，Pruitt P，et al. The Boston marathon bombings mass casualty incident：one emergency department's information systems challenges and opportunities ［J］. Annals of Emergency Medicine，2015，66（1）：51－59.

④　Fingar T. Reducing uncertainty：intelligence analysis and national security ［M］. Palo Alto：Stanford University Press，2011.

⑤　Clark R M. Intelligence analysis：a target-centric approach ［M］. Washington，D. C. ：CQ Press，2012.

⑥　Voshell M，Guarino S，Tittle J，et al. Supporting representation management in intelligence analysis through automated decision aids ［C］. Proceedings of the Human Factors and Ergonomics Society 58th Annual Meeting，2014：390－394.

⑦　Walsh P F. Building better intelligence frameworks through effective governance ［J］. International Journal of Intelligence and Counterintelligence，2015，28（1）：123－142.

提出建立多方管理合作综合指南及其自我评估清单可以轻松提供此类信息，信息共享和加强合作是应急准备的最佳做法。[①] Tsai 和 Yau（2013）认为，由于难以有效满足现场和异地信息的同步性需求，会存在对人员的逃避指南不足、救援人员的地理信息不完整、灾害管理人员现场信息不足等问题。[②]

正如 Netten 等（2016）的研究所指出的，应急管理部门经常面临信息过载、信息不完整或两者皆有的问题，严重阻碍了突发事件应急管理的决策过程、工作流程和情景意识。[③] 例如，Suganthe 和 Sreekanth（2016）提出，在公共卫生事件应急管理中，促进医疗器械、灾害管理车辆、救护车和灾害管理人员之间的情报沟通至关重要。[④]

Carminati 等（2013）认为，在自然灾害或紧急情况下，有效应急管理的基本要求是信息共享，并提出了一种访问控制模型，用于在紧急情况下实现受控信息共享。[⑤] Balfour（2014）提出了一个应急信息共享（Emergency Information Sharing，EIS）框架，能够与所有应急管理人员和组织共享关键、及时的事件信息，而且还将多媒体数据传送给第一响应者事件现场。EIS 框架包括开放标准的数据共享框架、可扩展有弹性的云平台、四维数据可视化。[⑥] Pottebaum 等（2016）认为互操作性和缺乏沟通与信息共享是当今应急管理中最常见的问题之一，信息共享空间（common information space）的概念能有效增强一个组织内部的互操作性和沟通能力，提升基于云基础的现有系统及过

---

① Grier N L, Homish G G, Rowe D W, et al. Promoting information sharing for multijurisdictional public health emergency preparedness [J]. Journal of Public Health Management and Practice, 2011, 17 (1): 84−89.

② Tsai M K, Yau N J. Improving information access for emergency response in disasters [J]. Natural Hazards, 2013, 66 (2): 343−354.

③ Netten N, Van Den Braak S, Choenni S, et al. A big data approach to support information distribution in crisis response [C]. 9th International Conference on Theory and Practice of Electronic Governance (Icegov 2016), 2016: 266−275.

④ Suganthe R C, Sreekanth G R. Emergency health information and medical services in disaster areas: a delay tolerant network approach [J]. Journal of Medical Imaging and Health Informatics, 2016, 6 (8): 1990−1996.

⑤ Carminati B, Ferrari E, Guglielmi M. A system for timely and controlled information sharing in emergency situations [J]. IEEE Transactions on Dependable and Secure Computing, 2013, 10 (3): 129−142.

⑥ Balfour R E. An Emergency Information Sharing (EIS) framework for effective Shared Situational Awareness (SSA) [C]. 2014 IEEE Long Island Systems, Applications and Technology Conference (Lisat), 2014.

程的灵活性、适应性和集成性。[1]

此外，在应急决策情报感知的情报服务研究中，有些研究者对信息来源、信息扩散、信息绘图、信息指挥官等主题展开了讨论。例如，Freberg 等（2013）对 H1N1 在社交媒体上的书签分析表明，美国疾病预防控制中心是最受欢迎的信息共享平台，社交媒体正在成为风险和危机沟通的主要领域，是危机信息共享的关键。[2] Rimstad 等（2014）以 2011 年挪威爆炸枪击事件为例进行应急管理事件指挥体系研究，发现无论是救援行动的内部信息还是外围信息，指挥官的相互协调都居于一个重要的环节上。[3] Dusse 等（2016）的绘图研究确定了应急管理中最常见的可视化技术、常见环境和阶段、识别差距等问题。[4] Deng 和 Zhang（2016）使用细胞自动机理论探索危机信息扩散的规律，发掘决定危机信息扩散的关键因素及其对扩散规模效应的影响。[5]

2.3　国内应急决策情报工作的实践研究

我国的应急管理工作在 2003 年 SARS 事件发生前主要集中在灾害管理方面，尤其是 20 世纪 70 年代中后期以来，随着自然灾害的频繁发生，在灾害管理方面开展了较多实践工作。2003 年应对 SARS 事件过程中暴露出我国应急管理工作在事前准备，信息渠道，应急管理体制、机制、法制等方面存在的不足。2008 年也是我国应急管理实践中的一个特殊年份，南方雪灾、拉萨"3·14"打砸抢烧事件和"5·12"汶川地震，都推动了我国应急管理实践的发展。随着应急管理实践的深入，我国已经逐步建立以应急预案、应急管理体制、应急运行机制和应急管理法制为主体的"一案三制"应急管理工作体系。2018 年 3 月，根据第十三届全国人民代表大会第一次会议批准的国务院机构改革方案，将国家安全生产监督管理总局的职责，国务院办公厅的应急管理职责，公

① Pottebaum J, Schaefer C, Kuhnert M, et al. Common information space for collaborative emergency management [C]. 2016 IEEE Symposium on Technologies for Homeland Security (Hst), 2016.

② Freberg K, Palenchar M J, Veil S R. Managing and sharing H1N1 crisis information using social media bookmarking services [J]. Public Relations Review, 2013, 39 (3): 178−184.

③ Rimstad R, Nja O, Rake E L, et al. Incident command and information flows in a large-scale emergency operation [J]. Journal of Contingencies and Crisis Management, 2014, 22 (1): 29−38.

④ Dusse F, Júnior P S, Alves A T, et al. Information visualization for emergency management: a systematic mapping study [J]. Expert Systems with Applications, 2016, 45 (3): 424−437.

⑤ Deng Y R, Zhang R H. Model and simulation of network crisis information diffusion under uncertain environment [J]. Scientific Programming, 2016 (4): 1−9.

安部的消防管理职责，民政部的救灾职责，国土资源部的地质灾害防治、水利部的水旱灾害防治、农业部的草原防火、国家林业局的森林防火相关职责，中国地震局的震灾应急救援职责，以及国家防汛抗旱总指挥部、国家减灾委员会、国务院抗震救灾指挥部、国家森林防火指挥部的职责整合，组建应急管理部，作为国务院组成部门。

在基本建立的应急管理工作体系中，强调了突发事件预防、监测、预警、处置方面情报的重要性，如建立了重大自然灾害灾情会商制度，民政系统的灾情报送工作机制、灾情监测机制和应急联络机制等。2006 年 1 月 8 日发布并实施的《国家突发公共事件总体应急预案》要求"根据预测分析结果，对可能发生和可以预警的突发公共事件进行预警"。2007 年 11 月 1 日起开始施行的《中华人民共和国突发事件应对法》更是明确提出，"国务院建立全国统一的突发事件信息系统。县级以上地方各级人民政府应当建立或者确定本地区统一的突发事件信息系统，汇集、储存、分析、传输有关突发事件的信息，并与上级人民政府及其有关部门、下级人民政府及其有关部门、专业机构和监测网点的突发事件信息系统实现互联互通，加强跨部门、跨地区的信息交流与情报合作"。除此之外，在地方性法规和部门规章中也有对于突发事件中情报工作的相关规定，凸显了情报在突发事件应急管理决策中的关键作用。

在应急管理情报工作的开展过程中，信息技术的有效应用大大提升了应急管理情报工作水平，成为应急管理情报工作的支撑手段和助推工具。2006 年我国就开始大力推动应急管理信息化建设，出台了有关促进应急平台、指挥信息系统等建设发展的多项政策。《国务院关于全面加强应急管理工作的意见》要求"加快国务院应急平台建设，完善有关专业应急平台功能，推进地方人民政府综合应急平台建设，形成连接各地区和各专业应急措施机构、统一高效的应急平台体系"；《中华人民共和国国民经济和社会发展第十一个五年规划纲要》要求强化应急体系建设；《国家中长期科学和技术发展规划纲要（2006—2020 年）》则明确指出优先发展国家公共安全应急信息平台。

应急信息平台建设是应急管理的一项基础性工作。应急信息平台是以公共安全科技为核心，以信息技术为支撑，以应急管理流程为主线，软硬件相结合的突发公共事件应急保障技术系统。它是实施应急预案的工具，具备风险分析、信息报告、监测监控、预测预警、综合研判、辅助决策、综合协调与总结评估等功能。① 国家应急平台体系包括国务院、省级和部门应急平台（包括专业应急指挥系统），以及依托中心城市辐射覆盖到城乡基层的面向公众的紧急信息接报平台和面向公众的信息发布平台。2009 年，国家应急平台完成建设上线运行，并在全国范围内推广使用，我国开始了应急平台体系建设。应急平台是自上而下的应急信息系统，它的出现不但使应急管理有了核心信息化平台，也将在全国范围内形成互联互通的完整体系，改变长期以来应急管理条块分割、分散管理的状况，推动应急管理进入一个新的阶段。②

其中，国家突发事件预警信息发布系统作为国家应急指挥平台体系的一部分，是一个综合性的国家应急信息平台。国家突发事件预警信息发布系统在总体架构上是建设国家、省、地市三级预警信息发布平台和县级预警信息发布终端。国家突发事件预警信息发布系统是"十一五"国家突发公共事件应急体系建设规划中的首个重点工程，主要依托中国气象局已有信息化基础设施和信息发布渠道，建设 1 个国家级、31 个省级、342 个地市级预警信息发布平台和2015 个县级预警信息发布终端。该系统于 2015 年 5 月 1 日正式上线运行，形成上通国务院，横向连接部委、厅局，纵向到地市、县级，规范统一的预警信息发布体系，实现面向各级政府领导、应急联动部门、应急责任人和社会媒体的全覆盖，为有效应对各类突发事件，提升各级政府应急管理水平提供技术支撑。③ 国家级预警信息发布平台位于四级预警信息发布体系结构的最上层，它的信息来源为国务院应急指挥平台和相关部委；省级预警信息发布平台位于第二层，信息来源为上级预警信息发布平台、省政府和省内各厅局；地市级预警信息发布平台位于第三层，信息来源主要是上级预警信息发布平台、地市级政府和各委局；县级预警信息发布终端作为最底层，是国家突发事件预警信息的基层信息受理单位，信息来源是上级预警信息发布平台、县级政府和县级各委办局。④

2015 年 2 月，中央机构编制委员会办公室正式批复成立国家预警信息发布中心。同年 5 月，国家预警信息发布中心正式运行。2016 年 6 月，在国家

---

① 范维澄. 国家应急平台体系建设现状与发展趋势 [A] //中国灾害防御协会，第三届中国突发事件防范与快速处置大会组委会. 中国突发事件防范与快速处置优秀成果选编，2009：3.

② 应急救援产业技术创新战略联盟，战略研究组. 平台建设引领应急管理信息化有序、快速发展 [J]. 中国信息界，2013 (5)：84—91.

③ 孙健，白静玉. 国家突发事件预警信息发布系统的建设与应用 [J]. 中国应急管理，2016 (6)：77—79.

④ 裴顺强，孙健，缪旭明，等. 国家突发事件预警信息发布系统设计 [J]. 中国应急管理，2012 (8)：32—35.

级突发事件预警信息发布平台中,公安、民政、国土、交通、水利、农业、卫计委、安全监管、食品药品监管、林业、旅游、地震、气象等 13 个部门的 52 种预警信息完成对接并入网发布,工信、环保、海洋等部门也在积极开展系统应用对接工作,初步实现了多灾种预警信息的统一发布。

尽管面向突发事件的应急管理情报工作有了诸多应急信息平台的支撑,但还是存在一定的问题。例如,曹海林和陈玉清(2012)指出,我国灾害应急管理信息沟通面临着公民知情权缺乏制度性保障、媒体报道渠道受阻、地方政府舆论引导不力、公众缺乏沟通的主动性等诸多现实困境。① 国务院办公厅国务院应急管理办公室(2013)在研究应急管理信息情报人员问题时,指出基层信息员队伍已经成为一支不可或缺的力量,在应急管理工作中发挥着越来越重要的作用,但仍存在着队伍建设进展不一、信息员能力素质有待提高、队伍管理难度大、经费保障不到位等问题。② 整体来看,当前我国应急管理情报工作主要存在情报资源未能有效共建共享和互联互通、法律法规对情报工作的保障不明确、情报人员队伍建设有待加强、情报价值未能有效发挥等问题。例如,林曦和姚乐野(2014)对我国应急管理情报工作的现状与问题进行了分析,指出当前应急管理中存在着法律法规对情报工作的保障规定尚不明确、情报人才队伍建设尚不健全、情报资源体系尚不完善、情报网络尚不通畅等问题。③ 袁莉和姚乐野(2016)从整体性治理的思路出发,认为造成应急管理信息化困境的主要原因在于信息化意识碎片化、应急主体碎片化、利益取向碎片化和制度规范碎片化,导致应急管理信息化中出现了重硬件轻软件、存在不同程度的信息孤岛、应急管理信息化的主体单一、应急管理信息化流程不畅等问题。④ 储节旺和朱玲玲(2016)指出,突发事件应急管理情报工作面临着相关知识缺乏使得情报价值难以充分发挥、情报融合不足导致"数据—资源—应用"模式的低效率、信息不畅阻碍情报沟通等诸多困境。⑤ 因此,我国应加强应急管理规范

---

① 曹海林,陈玉清. 我国灾害应急管理信息沟通的现实困境及其应对 [J]. 电子科技大学学报(社科版),2012,14(3):20—24.

② 国务院办公厅国务院应急管理办公室. 基层突发事件信息员队伍建设情况调研报告 [J]. 中国应急管理,2013(2):8—10.

③ 林曦,姚乐野. 我国突发事件应急管理的情报工作现状与问题分析 [J]. 图书情报工作,2014,58(23):12—18.

④ 袁莉,姚乐野. 政府应急管理信息化困境及解决之道 [J]. 西南民族大学学报(人文社会科学版),2016(1):147—151.

⑤ 储节旺,朱玲玲. 情报视角下的网络突发事件应急管理研究 [J]. 情报杂志,2016,35(9):99—103.

化和标准化工作，积极拓展参与主体，增强与非政府组织之间的合作，促进突发事件情报资源融合，打造专业的情报人员队伍，建立典型应急管理情报案例库，提升应急决策情报感知能力等，为突发事件应急决策提供情报支撑和实践保障。

2.4　国内应急决策情报感知的理论研究

根据笔者所掌握的文献资料，目前我国突发事件应急决策情报感知的理论研究主要在基础理论、技术方法、工作流程和应用服务等内容中有所呈现。本部分主要从上述几个方面展开，以梳理国内突发事件应急决策情报感知的理论研究现状。

2.4.1　应急决策情报感知的基础理论

突发事件应急决策情报感知的基础理论就是对于情报的认识，因为情报是突发事件应急决策的重要基础和核心要素，贯穿于突发事件应急管理过程的始终，具有重要的支撑作用。情报不仅在应急决策中通过事前的信息收集、分析准确判断事态的发展趋势，及时传递和发布信息，发挥预警的功能，还为决策者采取各项应急措施提供依据。[①] 范炜和胡康林（2014）认为，支撑突发事件应急决策的情报具有相对性、转换性和时效性，包括基础情报、实时情报、衍生情报和经验情报等类型。[②] 姚乐野和范炜（2014）指出，突发事件应急管理中的情报作用机理包括情报先导、情报可靠、情报聚合、情报预测、情报管网等方面。[③] 李晓燕（2012）强调了危机管理的核心就是对危机情报的管理，以情报管理支持危机管理的全过程。[④] 储节旺和郭春侠（2015）认为，在应急决策各个环节中，情报采集、组织存储、分析处理、发布、更新等情报工作都发挥着重要乃至关键性作用。为了更好地发挥情报对应急决策的支持作用，需要

①　朱建锋，丁雯. 突发公共事件应急管理信息共享研究 ［J］. 武汉理工大学学报（信息与管理工程版），2011，33（3）：435−439.

②　范炜，胡康林. 面向突发事件应急决策的情报支撑作用研究 ［J］. 图书情报工作，2014，58（23）：19−25.

③　姚乐野，范炜. 突发事件应急管理中的情报本征机理研究 ［J］. 图书情报工作，2014，58（23）：6−11.

④　李晓燕. 知识管理框架下的政府危机信息管理模型 ［J］. 学术探索，2012（1）：62−65.

从大数据处理、知识导入、情报体系三个方面加以突破。①

突发事件应急决策情报感知中的"情报"，在向立文（2009）看来，具有价值性、时效性、载体依附性、共享性等基本特征，需要构建包括情报收集、情报整理、情报沟通和情报反馈在内的科学有效的管理机制，以增强突发事件应急决策工作的科学性和有效性。② 但值得注意的是，在突发事件管理过程中，情报通常没有完全发挥潜能。周玲（2005）认为，在危机管理中，受到情报交流、官僚政治、心理障碍、意识形态等多方面因素的影响，情报工作容易出现失误。③ 雷志梅等（2013）则从应急决策过程中的信息流动和转换，引入决策空间和信息空间两个维度来讨论情报缺失问题。④ 叶光辉和李纲（2015）认为，现实中应急决策往往更注重过程分析，而容易忽略前期需求分析，有必要对突发事件生命周期不同阶段的情报需求特征和内容进行分析，因而探究了各决策主体由需求驱动的信息交互、信息沟通和信息保障等问题。⑤ 苏剑（2016）认为，突发公共危机中情报互通机制是最为关键的一项内容，然而我国突发公共危机管理信息沟通机制仍然存在情报信息互通渠道不畅、多主体参与的情报互通机制尚未形成、面向公众情报不透明、媒体失误导致情报互通不畅等诸多缺陷。⑥ 在李纲和李阳（2015）看来，导致突发事件情报失察的三大原因为情报主体的认知偏差、突发事件信息系统的缺陷和协同问题、突发事件"情报文化"的影响，并就此提出提高情报主体的认知能力、构建突发事件多信息系统的协同架构、强化政府主导与多元主体的协调沟通的对策建议。⑦

针对突发事件应急决策情报感知中出现的情报多样性和复杂性的客观实际，一些理论研究开始从更高层面进行突发事件情报工作的顶层设计，这些研究是突发事件应急决策情报感知工作的重要指导。沙勇忠和李文娟（2012）讨论了由要素论、过程论、功能论、方法论、系统论所构成的公共危机信息管理的 EPMFS 分析框架。⑧ 袁莉和姚乐野（2016）认为，多主体协同联动、情报

① 储节旺，郭春侠. 突发事件应急决策的情报支持作用研究 [J]. 情报理论与实践，2015（11）：6—10，5.

② 向立文. 突发事件信息管理机制研究 [J]. 图书情报工作，2009，53（7）：55—58.

③ 周玲. 危机管理中导致情报失误的因素 [J]. 情报杂志，2005（3）：81—84.

④ 雷志梅，王延章，裘江南. 应急决策过程中信息缺失的研究 [J]. 情报杂志，2013，32（6）：10—13，18.

⑤ 叶光辉，李纲. 多阶段多决策主体应急情报需求及其作用机理分析——以城市应急管理为背景 [J]. 情报杂志，2015，34（6）：27—32.

⑥ 苏剑. 突发公共危机中情报互通的障碍与解决对策 [J]. 法制与社会，2016（9）：163—164.

⑦ 李纲，李阳. 关于突发事件情报失察的若干探讨 [J]. 情报理论与实践，2015，38（7）：1—6.

⑧ 沙勇忠，李文娟. 公共危机信息管理 EPMFS 分析框架 [J]. 图书与情报，2012（6）：81—90.

资源和情报技术是快速响应情报体系的构成要素，多主体协同联动驱动着情报资源和情报技术的选择和应用。[①] 郭骅等（2016）认为，应急管理情报体系面临主体多元化、业务综合化、流程离散化和需求多样化的挑战，应急管理情报体系应是一个开放、动态、贯通和统筹的情报体系。[②] 李纲和李阳（2016）则从顶层设计入手，以应急情报流与业务流为线索，从人员要素、机构要素、技术要素、资源要素、制度要素和行为要素六个方面厘清了智慧城市应急决策情报体系的框架内容，从组织体系、保障体系和运行机制三个层面探讨了智慧城市快速响应情报体系的协同运作模式。[③] 郭春侠和张静（2016）认为，应急决策情报体系是以快速响应情报系统为中心，围绕情报的挖掘、分析和利用等活动，为突发事件的事前、事中与事后提供各种决策支持的有机整体。[④] 杨峰和姚乐野（2017）在描述快速响应情报体系"物理—事理—人理"的系统结构基础上，融入综合集成思想，以知识体系、机器体系和专家体系为核心，分析快速响应情报体系的构成框架。[⑤]

2.4.2　应急决策情报感知的技术方法

突发事件应急决策信息系统为应急管理体系的正常、高效运行提供情报信息，实现突发事件应急决策的情报感知。寇纲等（2011）强调，现代化管理信息系统的信息采集、存储、分析和管理功能可以提高突发公共事件的处理效率和决策水平。[⑥] 吴叶葵（2006）认为，应急系统是一个庞大的、复杂的、集成的、多功能的大型管理信息系统，需要围绕着管理目标，依赖信息技术和系统平台，为决策者提供更多、更好的信息，其中信息的内容和质量是灵魂。[⑦] 刘铁民等（2005）认为，应急信息系统在预防、准备、响应和恢复四个阶段具有不同的功能，需要将预防和应急准备阶段的平时与应急响应和恢复阶段的战时

① 袁莉，姚乐野. 基于 EA 的快速响应情报体系顶层设计研究 [J]. 图书情报工作，2016，60（23）. 16—22.

② 郭骅，苏新宁，邓三鸿. "智慧城市"背景下的城市应急管理情报体系研究 [J]. 图书情报工作，2016，60（15）：28—36，52.

③ 李纲，李阳. 智慧城市应急决策情报体系构建研究 [J]. 中国图书馆学报，2016（3）：39—54.

④ 郭春侠，张静. 突发事件应急决策的快速响应情报体系构建研究 [J]. 情报理论与实践，2016，39（5）：53—57，68.

⑤ 杨峰，姚乐野. WSR 描述下的快速响应情报体系：一个综合集成的框架 [J]. 情报资料工作，2017（3）：11—17.

⑥ 寇纲，彭怡，石勇. 突发公共事件应急信息系统框架与功能 [J]. 管理评论，2011，23（3）：56—59.

⑦ 吴叶葵. 突发事件应急系统中的信息管理和信息服务 [J]. 信息化建设，2006（4）：24—27.

有效结合。① 在应急信息系统的设计方面，赵林度和杨世才（2009）从 Multi-Agent 的角度分析了灾害应急管理系统的结构，构建了基于 Multi-Agent 的灾害应急管理系统，设计了一种灾害应急管理资源协同机制，以更好地促进灾害应急管理系统中的信息共享和资源优化配置，产生协同效应，提高灾害应急管理水平。② 龚花萍等（2016）针对突发事件的不确定性、信息多源异构性导致快速、准确地对潜在或已发生的突发事件进行响应存在很大的困难等问题，提出了多信息系统的协同架构理念，并设计了多信息系统的协同架构模型。③

面向突发事件应急决策的情报系统在情报采集与识别、情报表示与聚合、情报分析与共享等环节，涉及很多的情报技术方法，这些都是突发事件应急决策情报感知工作的重要工具。蒋德良（2010）分析了各种突发事件报道的结果类别，介绍了各结果类型间可能存在的包含关系及判断算法，提出了一种能对突发事件结果信息进行准确抽取的方法。④ 尹念红等（2013）提出先将多粒度语言信息做一致性转换，再将各个备选方案的偏好信息依次与决策者的相对重要性和关键指标的权重集结，得到各个方案的综合评估值，以确定最优方案。⑤ 王宁等（2014）将共性知识元模型引入应急领域，针对突发事件案例内容特征，从知识层面对突发事件案例进行结构化表示，进而提出一种基于知识元的突发事件案例信息抽取方法，从而为基于知识元的突发事件情景模拟仿真研究提供客观真实的数据支持。⑥ 蒋勋等（2014）从多粒度信息服务的视角研究信息的语义组织，提出了细粒度信息资源的切分，并给出了基于切分后细粒度信息资源的自动学习，从而解决了突发事件导致的多粒度知识组织困难的问题。⑦ 陈祖琴（2015）提出从分类、分级、分期三个维度提取突发事件分类特征属性词及词间关系，设计编码规则，建立突发事件分类词表，构建突发事件

---

① 刘铁民，李湖生，邓云峰. 突发公共事件应急信息系统平战结合［J］. 中国安全生产科学技术，2005，1（5）：3—7.

② 赵林度，杨世才. 基于 Multi-Agent 的城际灾害应急管理信息和资源协同机制研究［J］. 灾害学，2009，24（1）：139—143.

③ 龚花萍，陈鑫，高洪新. 突发事件预警及决策多信息系统的协同架构模型研究［J］. 情报科学，2016（12）：31—35.

④ 蒋德良. 基于规则匹配的突发事件结果信息抽取研究［J］. 计算机工程与设计，2010，31（14）：3294—3297.

⑤ 尹念红，王增强，蒲云. 面向公共工程突发事件的语言信息应急决策方法［J］. 中国安全科学学报，2013，23（5）：161—165.

⑥ 王宁，陈湧，郭玮，等. 基于知识元的突发事件案例信息抽取方法［J］. 系统工程，2014（12）：133—139.

⑦ 蒋勋，毛燕，苏新宁，等. 突发事件驱动的信息语义组织与跨领域协同处理模型［J］. 情报理论与实践，2014，37（11）：114—119，123.

特征词典，辅助突发事件情报采集与组织。① 王静茹和宋绍成（2016）提出多模态危机情报融合的新内涵，从数据、信息、知识、情报逐层递进的逻辑视角出发开展融合工作，构建多模态危机情报融合体系与面向决策需求的危机情报融合应用机制，为综合运用多学科知识解决突发事件危机管理的多模态情报采集处理、融合应用等实践问题提供了新的思路。② 李赛等（2016）认为，数据的有效存储是支撑情报人员进行数据分析，实现突发事件预警和应对工作的物理基础，因而基于遗传算法提出一种存储优化策略，能够寻找到最优的数据指标聚类集合，进而有效地缩减数据的存储空间。③ 杨峰等（2016）基于情景分析视角研究突发事件应急管理情报感知的资源基础、实现路径及服务方案等重要问题，积极尝试"历史与现场"双重要求下的情报工作范式，努力探究应急管理情报联动要求下的"被动感知与主动感知"协调规划方案。④

2.4.3 应急决策情报感知的工作流程

突发事件应急决策的情报感知在工作流程上要遵从一般性的情报工作流程，需要从微观上考虑情报需求、情报采集、情报分析、情报发布等步骤。目前已有研究从这些方面进行具体讨论。李琦等（2005）从突发事件情报本身的要素和特性入手，对情报搜集方式、搜集步骤、搜集内容进行了归纳总结。⑤ 周玲（2007）认为，决策者对信息的需求促生了情报的转化过程，相关信息被识别、搜集、转化为一个情报产品，并传递给情报使用者，所以突发事件应急情报组织工作要考虑情报生产者和需求者之间的关系。⑥ 王兴兰等（2010）认为，随着突发事件的管理由结果导向型向原因导向型转变，作为预防、预警基础的突发事件潜伏期信息管理备受关注，并将突发事件潜伏期信息管理划分为五大模块：信息收集模块、信息分析模块、信息上报模块、信息存档模块、信息发布模块。⑦ 李纲和李阳（2014）在构建一个以情报为核心的突发事件监测

---

① 陈祖琴. 面向应急情报采集与组织的突发事件特征词典编制 [J]. 图书与情报，2015（3）：26-33.

② 王静茹，宋绍成. 突发事件应急管理的多模态危机情报融合体系构建 [J]. 情报科学，2016，34（12）：55-58，69.

③ 李赛，董庆兴，王伟军. 突发事件应急信息监测系统中的存储优化研究 [J]. 情报科学，2016，34（9）：40-44.

④ 杨峰，姚乐野，范炜. 情景嵌入的突发事件情报感知：资源基础与实现路径 [J]. 情报资料工作，2016（2）：39-44.

⑤ 李琦，朱庆华，李强，等. 危机管理过程中的情报搜集 [J]. 情报资料工作，2005（6）：31-33.

⑥ 周玲. 危机管理过程中情报组织工作流程新范式研究 [J]. 情报杂志，2007（6）：48-51.

⑦ 王兴兰，杨楠，乔欢. 突发事件信息管理模块研究 [J]. 情报杂志，2010，29（S1）：1-2，9.

与识别的理论架构时，将突发事件的监测与识别归纳为一个目标（为应急决策情报体系服务），两个侧重（过程与方法），三个原则（全源情报、实时情报、精准情报），三个步骤（情报收集、情报分析、情报评估与利用）。[①] 袁莉和姚乐野（2014）通过分析基于 Web 的三种应急管理情报融合模式的特点及框架，提出了我国应急管理情报融合的对策建议。[②] 王兰成（2015）基于网络舆情情报的规划、获取、处理、加工和分发五阶段的实现流程，针对突发事件应急处置的舆情情报支援系统架构进行了相关研究，并以雅安地震救灾为例探讨其效能。[③] 瞿志凯等（2017）结合北京、广州等主要地区突发事件总体预案及突发事件信息管理办法，通过深入分析大数据对突发事件情报分析的影响，提出了适应大数据环境的突发事件情报流程。[④]

突发事件应急决策的情报感知工作在整个情报工作的不同阶段有着不同的侧重点和要求，需要相应的应急管理功能体系予以支撑。丁敬达（2008）从突发事件应急管理的预防、准备、反应和恢复四个阶段出发，分析了每个阶段所需要进行的信息收集、分析、传递和利用等信息活动。[⑤] 祝明（2014）针对马航和马来西亚政府在马航事件应对中存在回应速度慢、提供信息前后矛盾、信息披露缺乏权威性和态度缺乏诚意等问题，认为成功的突发事件应急管理可分为风险识别、风险隔离、风险处置和风险沟通等阶段，不同阶段对于情报工作有不同的要求。[⑥] 因而，突发事件应急管理情报工作应建立一定的框架体系。徐绪堪等（2014）以药品安全性突发事件情报分析为中心，构建药品安全性突发事件情报分析总体框架、业务流程框架和信息流程框架。[⑦] 袁莉和杨巧云（2014）认为，重特大灾害应急决策的快速响应情报体系是一个多元主体、协同联动、快速响应、融入突发事件应急决策全过程的复杂巨系统，应构建基于决策体系、保障体系、指挥体系和控制体系的协同联动机制，优化协同联动的

① 李纲，李阳. 情报视角下的突发事件监测与识别研究 [J]. 图书情报工作，2014，58（24）：66—72.

② 袁莉，姚乐野. 应急管理中的"数据—资源—应用"情报融合模式探索 [J]. 图书情报工作，2014，58（23）：26—32.

③ 王兰成. 基于网络舆情分析的突发事件情况支援研究 [J]. 情报理论与实践，2015，38（7）：72—75.

④ 瞿志凯，兰月新，夏一雪，等. 大数据背景下突发事件情报分析模型构建研究 [J]. 现代情报，2017，37（1）：45—50.

⑤ 丁敬达. 政府危机管理过程中的信息活动分析 [J]. 情报杂志，2008（6）：88—90.

⑥ 祝明. 从"马航事件"看突发事件信息管理的发展方向 [J]. 行政管理改革，2014（7）：34—38.

⑦ 徐绪堪，房道伟，魏建香. 药品安全性突发事件情报分析框架构建 [J]. 情报杂志，2014，33（12）：25—29.

运行环境和全流程。① 徐绪堪等（2015）分析了突发事件中情报分析的定位和组成要素，从组织机构、业务流程和信息流程三个层面阐述了突发事件的情报采集、处理、组织和分析过程。②

2.4.4　应急决策情报感知的应用服务

目前已有研究在很多行业和领域讨论了突发事件应急决策情报感知的应用问题。毛汉文（2009）以应对手足口病、汶川地震救护防疫、禽流感三起突发公共卫生事件的情报服务工作为研究对象，指出医学情报服务必须面向信息产业，树立"大情报"观念，注重人才队伍建设和信息资源配置，才能更好地在应对突发公共卫生事件中发挥作用。③ 张海涛等（2012）认为，政府公共危机信息预警要根据公共危机过去和现在的相关信息、情报等，运用逻辑推理和科学的预测方法、技术，对某些公共危机出现的约束性条件、未来发展趋势和演变规律等做出估计与判断。④ 杨丽英和雷勇（2012）认为，突发事件新闻语料的分类体系和编码对于突发事件新闻语料库的建设、突发事件新闻信息检索、突发事件应急处理方案制定以及流行病学的医学研究等都具有应用价值。⑤ 钟开斌（2013）通过构建"信息源—信息渠道"解释框架，认为信息源和信息渠道是决定应急决策行为的两个相互独立的变量，并通过对 2003 年"非典"疫情及 2008 年汶川地震、襄汾溃坝三个应急决策"失败"案例的比较研究，证实了"信息源—信息渠道"解释框架的解释力和说服力。⑥ 徐绪堪等（2015）以城市水灾害突发事件为对象，通过城市水灾害数据采集与清洗、事件关联以及情报融合等主要环节，构建城市水灾害突发事件的情报分析框架，全方位分析水灾害突发事件，为城市水灾害突发事件应急决策提供科学依据。⑦ 储节旺和朱玲玲（2016）认为政府的网络突发事件应急管理有情报需求，情报对网络

---

① 袁莉，杨巧云. 重特大灾害应急决策的快速响应情报体系协同联动机制研究 [J]. 四川大学学报（哲学社会科学版），2014（3）：116－124.

② 徐绪堪，钟宇翀，魏建香，等. 基于组织—流程—信息的突发事件情报分析框架构建 [J]. 情报理论与实践，2015，38（4）：70－73.

③ 毛汉文. 对突发公共卫生事件开展情报服务的探索 [J]. 医学信息学杂志，2009，30（2）：6－8.

④ 张海涛，支凤稳，刘阔，等. 政府公共危机信息预警流程与控制研究 [J]. 图书情报工作，2012，56（17）：21－25.

⑤ 杨丽英，雷勇. 面向信息处理的突发事件语料库分类体系研究 [J]. 网络安全技术与应用，2012（3）：29－31.

⑥ 钟开斌. 信息与应急决策：一个解释框架 [J]. 中国行政管理，2013（8）：106－111.

⑦ 徐绪堪，赵毅，王京，等. 城市水灾害突发事件情报分析框架构建 [J]. 情报杂志，2015（8）：21－25.

突发事件的应急管理具有效用价值，基于两者关系的情报应用服务能有效提升政府在网络社会中的应急管理能力。①

2.5 应急决策情报感知的国内外发展现状评述

国外突发事件应急管理工作起步较早，应急决策情报工作也随之发展较快，尤其是在情报资源收集、应急信息系统建设、跨部门情报共享合作等方面积累了丰富的实践经验。在突发事件应急决策情报感知的理论研究方面，国外注重跨学科领域的综合研究，自然灾害、公共卫生、事故灾难等类型的情报工作问题都有涉及，对各种类型突发事件都有着较为细致的讨论。同时，国外研究非常注重案例分析，多将具体案例中的已有经验或结果作为重要的情报资源，解决应急管理中的新问题。这为本书采用案例作为研究数据来源提供了强力支撑。

我国在 2003 年 SARS 事件之后开始逐步建设突发事件应急管理体系，突发事件应对和处置中的情报工作也取得了较大的进展。近年来兴起的应急管理情报工作研究中，应急管理情报工作的基础理论、技术方法、工作流程、应用服务等方面都不同程度地涉及情报感知的相关内容，这给予了笔者重要的启示。从研究的具体内容来看，国内较为注重理论研究，很多文献都着墨于面向突发事件应急决策的信息情报的重要性、情报体系机制建设、应急信息系统等方面的理论研究，只有较少文献针对具体领域的具体问题展开实践意义上的研究。国内的研究现状为笔者提供了一种思路，即突发事件应急决策中的情报感知及实现路径问题应在具体事件应用案例中加以研究，才更具有实践意义。

---

① 储节旺，朱玲玲. 情报视角下的网络突发事件应急管理研究 [J]. 情报杂志，2016，35 (9)：99—103.

第3章 情景嵌入的情报感知研究基础

高效的情报工作能够强力支撑突发事件应急管理部门的快速决策，情报感知则是其中的一个关键性问题。情报感知是面向应急决策的，对当前突发事件进行发现识别、理解分析、积极响应的一种应急管理情报工作方式。本章首先讨论了突发事件应急决策的公共管理基础理论，强调了情报资源是一定情景下的产物，并依赖特定情景实现价值和发挥作用，因而在情景分析的基础上探究突发事件应急决策的情报感知问题尤为必要。

3.1 基础理论

3.1.1 风险社会理论

现代化发展在给人类提供了越来越多机会的同时，也让人类处于风险之中，传统和非传统的社会问题日益突出，社会冲突时有发生。可以说只要人类在发展、在实践，就必定存在风险。风险是当代社会无法回避的问题，作为客观存在的事实，它对社会结构和社会秩序都有着深刻的影响。风险社会理论是近年来全球学者研究的焦点，以德国著名社会学家乌尔里希·贝克 1986 年出版的《风险社会：迈向一种新的现代性》一书为主要代表，而转折性事件则是发生于苏联的切尔诺贝利事件，它印证了风险社会理论的深刻性。[①]

乌尔里希·贝克作为风险社会理论的首创者，对风险社会进行过这样的描述：第一，风险既非毁灭亦非信任或者安全，而是一种现实的虚拟；第二，风险是一种有威胁性的未来，与事实相对，成为影响当前行动的参数；第三，风险既是事实陈述，也是价值陈述；第四，风险正如不确定性中的控制与失控；第五，风险是认识和再认识中意识到的知识和无知；第六，风险在全球和本土的同时重组中构成了全球性特征；第七，风险是知识、潜在影响和症状之间的

---

① 潘斌. 社会风险论 [M]. 北京：中国社会科学出版社，2011：10.

差异；第八，风险社会消除了自然与文化之间的差异。^① 作为对风险社会理论有建树的学者之一，吉登斯认为风险社会所涉及的是对未来危害的积极评估，然而风险是一种未来的不确定性，我们无从体验，也无法依据传统的时间序列来估计。^② 这就意味着风险社会伴随着人类社会进步发展，并在各种不同领域间的联结中产生。尽管很难把握未来的各种可能，但我们需要从风险的角度来考虑，只有如此，才可能对未来事件做出积极的决策。

风险社会理论为突发事件应急决策提供了反思常态的理论支撑。灾害社会学、危机管理学、应急管理学等的研究从风险反思的视角对当前社会问题进行了考虑。与此同时，风险社会理论冲击了社会管理机制静态化格局，在制度层面上引发了政府公共管理的变革，对突发事件应急决策的情报工作如何为风险预警和防控服务提出了更高的要求。

3.1.2　危机生命周期理论

自工业社会以来科学理性的过分扩张所导致的对自然和社会的野蛮的控制逻辑，使得人类社会面临着诸多风险，并有可能由专家系统和决策部门造成更具破坏性的后果^③，形成了事实上的公共危机。危机生命周期理论作为一种过程理论，提供了一种对公共危机过程进行解构描述的理论视角。

生命周期的原意是生物体从出生、成长、成熟、衰退到死亡的全部过程，后来逐渐被应用到一个产品或者一个事件上，用以描述它们从自然中来又回到自然中去的全过程，形容客观事物的阶段性变化及其规律。公共危机作为人类社会运行过程中可能危及公共安全和正常秩序的危机事件，是有生命周期的。美国危机管理专家史蒂文·芬克 1986 年在《危机管理：对付突发事件的计划》一书中提到危机生命周期理论，认为危机生命周期包括危机酝酿期、危机爆发期、危机扩散期、危机痊愈期四个显著阶段。^④ 该书开明宗义地提出危机既包括危险，也包括机会，所以危机生命周期理论能够为突发事件应急管理提供一种有效管理决策的机会。

————————

①　Adam B，Beck U，Loon J V. The risk society and beyond：critical issues for social theory [M]. London：Sage Publications，2000：211—229.

②　鲍磊. 现代性反思中的风险——评吉登斯的社会风险理论 [J]. 社会科学评论，2007（2）：84—88.

③　李诚. 我国转型期社会风险及其治理的理论思考——基于风险社会理论的分析 [J]. 学术界，2011（3）：21—27，251—255.

④　Fink S. Crisis management：planning for the inevitable [M]. [S. l.]：American Management Association，1986.

在危机酝酿期已经出现了潜在的风险症状，随时都有可能出现危机。危机酝酿期是风险在量上的积累过程，也是公共危机处置防患于未然的阶段。危机爆发期则是风险从量变到质变的阶段，此阶段看似由某一偶然因素引起，但实际上是必然的。危机扩散期是危机爆发后持续一段时间衍生出来的对其他领域的连带负面影响，如果处置不当，将可能造成比爆发期还严重的后果。危机痊愈期是危机生命周期的最后一个阶段，既是对危机残留因素进行处理的阶段，也是对危机进行总结分析的阶段，对于下次危机处理有着重要的指导价值。

危机生命周期理论通过对危机过程的研究指导突发事件应急管理的处置策略，对于突发事件应急决策的情报工作有着重要意义。危机是由诸多风险因素所导致的非线性结果，而有些风险因素是可以溯源并加以跟踪的，因而及时有效地通过情报资源对危机征兆进行识别，形成突发事件预警，就可以提前做好应急准备。危机处置当然是越早越好，而危机生命周期的每一个阶段又具有各自的特征，对于这些特征，若能借助于事件的具体情景加以分析，就能具体问题具体分析，将可能出现的危机遏制在萌芽状态。

3.1.3　公共危机管理理论

公共危机的频频发生严重威胁到公众的生命健康和财产安全，并带来了不可估量的巨大损失和负面影响。因此，公共危机管理自然而然地成为一个全球性的热门话题，并在融合管理科学、信息科学、传播学、社会学等多门学科的基础上，形成了跨学科的公共危机管理理论。

荷兰学者罗森塔尔是一位著名的危机管理专家，他认为危机是一种严重威胁社会系统的基本结构和基本价值规范的情形。公共危机的高度不确定性主要表现在对各种即时状态及其长期后果的影响上，它使得政府部门难以进行有效的危机应对，但又必须在很短的时间内，在极不确定的情况下做出关键性决策。[①] 因而，基于公共危机的高度不确定性特征的描述，指引公共危机管理理论走向一种量化和制度化的水平。公共危机管理理论强调对各种类型的灾难及其后果实施管理，对所有应急管理的参与者实施统一协调与领导，对突发事件的全过程实施管理。在具体实践中，政府部门更倾向于使用"应急管理"这一概念。从理论上讲，它是公共危机管理理论在政府管理中的应用，应当属于公共危机管理知识领域的一个部分；在实务或操作层面上，它强调预防、缓解、

---

① 高恩新. 从非常态管理到常态管理——西方危机管理理论综述［J］. 复旦公共行政评论，2007（1）：41—56.

响应和恢复等管理过程的每一个环节。①

公共危机管理理论关于危机事件信息不充分导致的高度不确定性，以及应急管理对于发展态势要求等的讨论，对于突发事件应急决策的情报工作产生了积极影响。面向应急决策的快速响应情报工作就是为了提升突发事件应急管理中信息情报收集、分析、传递和利用等方面的能力，从而实现有效的公共危机管理。

3.1.4 应急信息管理理论

信息论的创始人香农认为信息是用来减少不确定性的东西，这种不确定性在《风险、不确定性和利润》一书的作者奈特看来表现为非概率型随机事件的发生。奈特认为对没有发生过的未来事件进行预测和定量分析是不可能的。

随着公共危机管理研究以及突发事件应急管理实践的深入，在多学科集成化的研究中，应急信息管理成为其中不可或缺的一个重要领域。国外的危机信息学致力于在危机的全生命周期中对危机从技术的、社会的和信息的层面进行综合研究，灾害信息学则研究灾害和其他危机事件的减缓、准备、响应和恢复过程中信息和技术的应用问题。② 突发事件应急管理面临高度不确定性，需要通过信息及信息管理活动来减少应急决策的不确定性。但长期以来在突发事件应急信息管理中存在信息服务体系分散、重硬件轻软件、信息孤岛等问题，这使得应急信息互联互通、整合融合、共建共享变得异常困难。

应急信息管理理论强调以应急决策为目标，以应急信息管理为内容，是应急管理与信息管理交叉集成的理论综合，对突发事件应急决策的情报工作有重要的指导意义。无论是应急管理的预防和准备阶段，还是应急管理的响应和恢复阶段，都依赖于信息及信息管理活动，而情报工作是针对特定信息展开的收集、整理、选择、利用活动，是在应急信息管理理论基础上的一种深层次的信息管理工作。

① 陈淑伟. 我国公共危机管理研究的主题与视域 [J]. 中共南京市委党校南京市行政学院学报，2007 (1)：46—50.

② 沙勇忠. 公共危机信息管理 [M]. 北京：中国社会科学出版社，2014：20.

3.2 突发事件应急决策中的情报工作

3.2.1 突发事件应急决策中情报的作用

情报是关于某种情况的消息和报告，面向突发事件应急决策的情报是为了实现应急决策的特定目的，有意识地对与此相关的事实、数据、信息、知识等要素进行加工的产物。情报在整个突发事件应急管理决策中具有重要作用，是突发事件应急管理的重要基础和核心要素。需要指出的是，我们在讨论突发事件应急决策的情报工作这一问题时，并未对"情报"与"信息"进行严格界定和区分。

著名政治学家哈罗德·拉斯韦尔最早提出了决策过程的七个阶段功能分析模式，将公共决策过程划分为情报、建议、规定、行使、运用、评价、终止七个环节。[①] 可见，情报在公共决策过程中具有基础性的地位和作用，是科学决策的重要依据。有效的决策行为强烈依赖于情报，情报的准确、全面程度与决策的科学化程度成正比关系。

突发事件具有突然性、不确定性、危害性、复杂性等显著特点，对应急管理决策提出了严峻的挑战。突发事件往往一发生就成为人们关注的焦点，对其的处置就会在异常紧迫的情况下打破常规，决策的非程序化、非常规性、非确定性等特征就很明显。应急决策与常规决策不同，是在一定的约束条件下完成的特殊决策过程。情报是危机状态"约束条件"中的关键要素，是突发事件应急决策的基础和重要支撑，并作为"普适性变量"贯穿于应急决策过程的始终。[②] 在这种情况下，要想快速、有效地进行应急决策，就强烈依赖于情报。情报要素是突发事件应急决策的智慧"源"，没有情报，决策就是无源之水、无本之木。情报必须是全面的、动态的、实时的、精准的，唯有如此，应急决策才具备科学性、可行性和执行力。

在应急决策中，不仅要通过事前的信息收集、分析准确判断事态的发展趋势，及时传递和发布信息，发挥情报预警机制的功能，而且要发挥情报对应急

---

① Lasswell H D. The decision process: seven categories of functional analysis [M]. Bureau of Governmental Research, College of Business and Public Administration, University of Maryland, 1956.

② 李阳，李纲. 应急决策情报体系：历史演进、内涵定位与发展思考 [J]. 情报理论与实践，2016，39（4）：8—13.

决策过程的支持功能，为决策者采取各项应急措施提供支持依据。^①因而，突发事件应急决策中情报的作用就主要体现在情报数量、情报质量、传递速度等方面对于应急决策最终效果的影响上。2003年的SARS事件暴露出应急管理缺乏统一的应急指挥系统、信息报告网络不健全、地区之间衔接不足、部门之间沟通不畅等诸多问题，情报难以得到及时、全面和准确的收集、分析、处理与利用，最终影响了决策过程，造成了一定程度上的决策失误。反观2008年的汶川地震，统一指挥的快速反应系统使得部门分割、条块分割、地域分割、军民分割问题得到了有效解决，情报在协调联动中形成了应急救援的一股重要力量，信息沟通与情报交换得到了强力保证，为抗震救灾工作有效、有力、有序地开展提供了强力的支撑。

3.2.2　突发事件应急决策中的情报体系

体系是指若干有关事物或某些意识相互联系而构成的一个整体。情报体系是情报在流动过程中所涉及的各类、各级情报组织及其功能的总和。情报体系架构了情报采集、处理、组织、分析、服务及决策活动中所涉及的相关组织机构及各组织机构的职能和作用等，描述了情报流的产生、发展、变化和服务的过程。^②如果从情报体系的系统要素角度来进行理解的话，情报体系是围绕特定的情报需求，由情报资源、情报技术、情报人员等具有相互联系的要素构成的有机整体。

情报体系的研究一直是一个相对独立的领域。来自公共管理学、图书情报学、军事管理学等学科领域的研究者从各自的角度对情报体系进行了研究。这些研究主要聚焦于宏观层面上的国家情报体系以及微观层面上的企业竞争情报体系、军事竞争情报体系等内容上。在国家情报体系的研究中，赵刚（2004）认为，国家竞争情报体系是从国家竞争战略的高度出发，通过充分开发和利用知识、信息和智力资源来提高国家竞争能力的各种机构及其相互关系的总和，是国家竞争战略管理和信息的整体配合及有机协调^③；赵冰峰（2015）强调了国家情报体系是国家安全体系和国家发展体系的重大协调枢纽，国家情报力量

---

① 朱建锋，丁雯. 突发公共事件应急管理信息共享研究 [J]. 武汉理工大学学报（信息与管理工程版），2011，33（3）：435-439.

② 苏新宁，朱晓峰. 面向突发事件应急决策的快速响应情报体系构建 [J]. 情报学报，2014，33（12）：1264-1276.

③ 赵刚. 我国亟待建立国家竞争情报体系 [J]. 管理科学文摘，2004（2）：6-8.

是国家安全力量的重要组成部分，国家情报能力是国家软实力的核心构成之一[①]；张家年和马费成（2015）认为，国家安全情报体系的主要任务是对外维护国家安全和对内保障社会稳定[②]。微观层面，在企业竞争情报体系的研究中，通过对企业竞争环境、竞争对手和竞争策略的分析，为企业提供预警、决策支持等服务，例如包昌火、谢新洲、黄晓斌、陈峰等主要学者的研究；在军事竞争情报体系的研究中，成果主要出自国防军事院校，例如张晓军、梅建明、高金虎、马德辉等专家的研究。

近年来，随着以"突发事件应急管理"为主题的研究项目获批国家哲学社会科学重大（重点）项目，面向突发事件应急决策的快速响应情报体系的研究如火如荼地展开，如何设计出一个能够指导不同领域、不同类型突发事件应急管理的框架、路径、要点的快速响应情报体系就显得尤为重要。快速响应情报体系被提到了一个新的战略高度，成为继国家情报体系、企业竞争情报体系、军事竞争情报体系后的一个重点研究内容。

对于面向突发事件应急决策的快速响应情报体系，现在有着不同的文字表述。朱晓峰等（2014）认为，面向突发事件的情报体系，是指为了应对突发事件应急管理与决策的情报需求，围绕情报搜集、分析、整理、传递、利用而存在的情报人员、机构、方法、工具等因素的有机整体。该情报体系不仅仅是计算机系统，也不仅仅是组织体系，而是以技术为主导，以信息（内容）为核心，以信息平台为载体的情报人员、机构、工具等因素的有机整体。[③] 李阳和李纲（2016）认为，应急决策情报体系建设是一个复杂的系统工程，其驱动力量包括战略、信息、技术、人员和组织能力等，涉及应急情报主体、情报机制、情报环境等多种要素，是实现"情报输出"与"情报流通"两个重要任务的运作体系。[④] 姚乐野和范炜（2014）认为，在突发事件应急管理的情报体系中，情报是核心要素，但不仅仅要研究情报，还要研究情报运行过程中相关的

① 赵冰峰. 论情报（下）——情报活动机理及和平建设型国家情报体系 [J]. 情报杂志，2015，34（8）：1—6.

② 张家年，马费成. 我国国家安全情报体系构建及运作 [J]. 情报理论与实践，2015，38（8）：5—10.

③ 朱晓峰，冯雪艳，王东波. 面向突发事件的情报体系研究 [J]. 情报理论与实践，2014，37（4）：77—80，97.

④ 李阳，李纲. 应急决策情报体系：历史演进、内涵定位与发展思考 [J]. 情报理论与实践，2016，39（4）：8—13.

人、事、物，以此形成情报的体系观点。① 苏新宁和朱晓峰（2014）强调，面向突发事件应急决策的快速响应情报体系是直接为临时组建的突发事件应急决策领导小组服务的，因此在组织结构、功能组成、组织功能关系三个方面必须重构。② 尽管目前国内对于快速响应情报体系的主要研究团队在其内涵的文字表述上存在不同之处，但都非常一致地认为快速响应情报体系是由情报人员、情报资源、情报技术、情报服务等功能要素构成的有机整体，是快速响应的决策指挥和应急救援的有力纽带及强力支撑。

3.2.3　作为一个有机整体的情报工作

面向突发事件应急决策的情报工作的重心在于如何根据应急管理和决策需求进行合理设计，因此突发事件应急决策的情报工作必须是一个以快速响应为目标、以情报资源为基础、以情报技术为支撑、以联动机制为保障的有机整体。

（1）以快速响应为目标。

无论是健全应急管理法律法规，完善各级各类应急预案，还是建立统一、高效的应急信息平台，加强应急管理宣传教育都是针对可能发生的事故迅速、有效地开展应急活动而预先进行的风险分析、区域规划、监测预警、应急协同、公众疏散及防护等准备工作。一旦突发事件发生，能否在最短时间内采取有效的应对措施将直接决定突发事件的破坏影响程度。因此，快速响应是突发事件应急管理的核心要求，但往往因为突发事件具有高度不确定性，应急决策难以快速、有效地响应突发事件，而有赖于情报工作的支撑服务。由情报资源、情报人员、情报技术、情报服务等要素构成的情报工作有机整体，在努力保证应急决策科学合理的同时，也必须以快速响应为目标。

（2）以情报资源为基础。

突发事件应急管理工作包括预防、准备、响应和恢复四个阶段。在实际中，这些阶段往往是重叠的，无论处于哪个阶段或者重叠阶段，都是以情报资源为基础展开相应工作。在突发事件发生以前，预防工作是以基础情报、业务情报和应急资源情报为基础的；在突发事件监测预警阶段，则是以环境（自然、经济、社会、政治等环境）和关键要素的监测情报为主，以发现其中存在

① 姚乐野，范炜. 突发事件应急管理中的情报本征机理研究 ［J］. 图书情报工作，2014，58（23）：6—11.

② 苏新宁，朱晓峰. 面向突发事件应急决策的快速响应情报体系构建 ［J］. 情报学报，2014，33（12）：1264—1276.

的矛盾和致灾因素；在突发事件的处理与救援阶段，重点涉及突发事件基本情报、应急响应情报、应急处置情报和实时跟踪情报四类情报资源，需要及时进行相关反馈；在突发事件事后恢复与重建阶段，则以事件评估情报、事件恢复情报、事件总结报告等为主，作为今后应对突发事件的宝贵案例和历史经验。[①] 因此，快速响应情报工作一定是以情报资源为基础而展开的，否则情报工作将是无源之水、无本之木。

（3）以情报技术为支撑。

情报技术作为人类社会科技进步的标志性技术，在应急管理中发挥着不可或缺的作用，尤其是对于突发事件情报工作而言，快速、准确地收集突发事件应急决策所需要的情报资料，能够为现场指挥、后期恢复提供决策支持。几乎任何一种突发事件发生后的情报获取、传输及执行都是多类型、多方向、多手段的，必须在信息网络中进行，以情报技术为保障。因此，在自然灾害、事故灾难、公共卫生事件和社会安全事件等领域，以情报技术为支撑，建立地震、民防、气象、防汛、疾控、警务等突发事件应急情报系统是应急决策的基础，也是当前政府部门有效开展应急管理工作的必要技术保障。

（4）以联动机制为保障。

目前，我国的突发事件应急管理仍存在着"重单项、轻综合"的分区域、分行业的问题，亟待建立一个跨地区、跨部门、跨行业的应急管理联动机制。面向突发事件应急决策的情报工作亦是如此，它有赖于各个地区、各个部门、各个行业的情报整合和共享，以摆脱情报不充分的困境。例如，2015 年的"东方之星"沉船事件的处理就需要湖北、重庆、江苏、上海等不同地区之间的情报联动。突发事件情报工作不仅仅要求区域、部门、行业之间的有效联动，而且要求这些区域、部门、行业的人员主体之间的有效联动。一个有效的突发事件情报工作有机整体能够通过强大的情报技术把人员主体加以联结，保障多元化的决策主体参与到实时的应急管理中。例如，火灾事故调查就可能需要刑事侦查、化工机械、压力容器等多领域的专家进行研讨会商，以达到人员主体之间知识的有效链接。

3.3 情报感知问题的提出①

3.3.1 两个案例的描述

(1) "8·12" 天津滨海新区爆炸事故。

2015年8月12日，位于天津滨海新区塘沽开发区的天津东疆保税港区瑞海国际物流有限公司所属危险品仓库发生爆炸事故，造成165人遇难，其中消防警务人员110名，其他人员55人，造成直接经济损失68.66亿元（截至2015年12月10日）。"8·12" 天津滨海新区爆炸事故是新中国成立以来消防人员死伤最为惨烈的一次特大安全生产事故，人们在深深哀悼牺牲的消防官兵和无辜民众的同时，也在深刻反思救援行动中为何有那么多的消防官兵牺牲，为什么周边人群没有及时得到疏散等问题。相关媒体也报道过消防官兵出警时对于火灾现场情况的了解程度。"至少有两名消防队员对媒体证实，他们在接到火警时并没有人告知前方有不能沾水的危险化学品。一位名叫李广清的消防队员也说，出警时并不知道前方起火的原因。"② 消防官兵对于爆炸现场的仓库里储存的化学品及其特性、化学反应情况不清楚，这或许是此次爆炸造成消防人员重大伤亡的一个重要原因。"为了自身的安全，消防人员需要知道特定的危害和正确的战术来使用每种材料，这样他们能够应对下一步可能发生的情况。……在这种情况下，他们应该能够打电话向熟悉特定危险的知识源头咨询。"③ 不同的化学品需要采取不同的灭火方法，由于消防人员对现场的化学品种类和存储位置等信息无法有效把握，消防灭火工作变得异常困难。

而事实上，我们有理由相信瑞海国际物流有限公司所属危险品仓库的化学品是有所登记的。瑞海国际物流有限公司属于天津港口企业，其危险化学品安全生产许可证由交通运输部门发放。我国交通运输部2012年公布的《港口危险货物安全管理规定》第二十八条规定："危险货物港口经营人在危险货物港口装卸、过驳作业开始24小时前，应当将作业委托人，以及危险货物品名、

---

① 杨峰，姚乐野，范炜. 情景嵌入的突发事件情报感知：资源基础与实现路径 [J]. 情报资料工作，2016 (2)：39-44.

② 叶宇婷，许晔. 天津爆炸消防员：出警时并不知道起火原因 [EB/OL]. (2015-08-14) [2018-09-09]. http://news.ifeng.com/a/20150814/44423078_0.shtml.

③ 麻庭光. 交运事故背后的消防改革 [EB/OL]. (2015-08-13) [2018-09-09]. http://blog.sciencenet.cn/blog-302992-912700.html.

数量、理化性质、作业地点和时间、安全防范措施等事项向所在地港口行政管理部门报告。"也就是说,危险化学品的分类标签信息、物理化学性质、主要用途、危险特性、安全要求,以及出现危险情况的应急处置措施等内容都应该登记在相关管理部门的记录中,这些重要记录能够为危险化学品事故预防和应急救援提供技术支撑和信息支持。如果"8·12"天津滨海新区爆炸事故的消防救援中,消防人员在赶赴事故现场之前能够及时获得有关爆炸现场的这些危险化学品的登记信息,实时、准确地认知爆炸现场仓库里存储着气体、液体、固体各种形态的易燃易爆品,及其可能产生的各种物理化学反应、如何有效处置等情报资源,再与消防火灾事故处理的历史经验进行匹配,将大大提高救援行动的精准性,可以在很大程度上提升对现场危情和态势的把控能力。

（2）"12·20"深圳山体滑坡事故。

2015 年 12 月 20 日,深圳光明新区发生了一起受纳场渣土堆填体滑动灾害。这是一起生产安全事故,造成滑坡覆盖面积约 38 万平方米,33 栋建筑物被掩埋或不同程度受损。事故共造成 73 人死亡,4 人下落不明,17 人受伤。对"12·20"深圳山体滑坡事故进行探究的报道显示,事实上该事故发生前在很多环节上已有危情征兆,预警此次安全事故可能发生:[①]

征兆情景 1:群众和企业两年来多次举报扬尘问题,但未引起有关部门的重视。街道办、环保、城管、公安等部门都对泥头车排队拉土上山的事知情,最终却不仅没有治理好扬尘问题,更没有对余泥渣土临时受纳场做好安全预警和防范工作。

征兆情景 2:项目涉嫌非法转包。深圳光明新区城管局、深圳绿威物业管理有限公司、深圳益相龙投资发展有限公司分别作为发包单位、中标单位和实际运营单位,三家之间"默契十足",招标过程中可能存在恶意串通。

征兆情景 3:监管方多次预警,停工令未执行。监管项目承担方深圳建星项目管理顾问有限公司发现"现场填土密实度不够""有轻微沉降"等诸多隐患,并在向光明新区城管局递交日报、月报时提出了这些问题,要求立即整改,但红坳受纳场仍有大量车辆进场倾倒垃圾。

征兆情景 4:运营方超期经营。红坳余泥渣土临时受纳场的使用期限至 2015 年 2 月 21 日,但至 12 月 20 日事故发生时止,该受纳场已经超期使用 10 个月。

---

① 吴喆华,管昕,杨振. 深圳滑坡被定性为安全事故　盘点滑坡失守五环节［EB/OL］.（2015－12－26）［2018－09－09］. http://news.sohu.com/20151226/n432657068.shtml.

征兆情景 5：环评报告并未引起重视。中标单位深圳绿威物业管理有限公司提交的建设项目环境影响报告表显示，该项目环境风险主要是坝体溃坝风险，并特别提醒"挡土坝发生溃坝风险主要可能对北侧柳溪工业园和混凝土有限公司的安全造成一定的影响"，但遗憾的是，相关的环评报告没能够引起足够重视。

通过卫星照片和现场照片（图 3-1）可以清晰观察到深圳光明新区红坳余泥渣土受纳场是如何从一个废弃采石场演变为渣土堆放场，并最终导致"12·20"深圳山体滑坡事故的过程。如果能够在事故发生之前就把这些卫星照片作为重要情报来源，做好应急管理预防和准备工作，完全可以避免事故的发生。

2008年2月，采石场的底部汇集的水体已经变成了水塘，成为造成这次滑坡的关键因素。

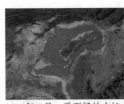
2013年11月，采石场的水坑已经很深，面积很大。

2014年11月，采石场几乎被建筑渣土填满。

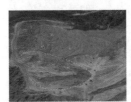
2015年1月，渣土在重力作用下滑动，旁边不远处是倾倒不久的渣土。

2015年4月，渣土滑动明显，倾倒不久的渣土增多。

2015年12月，渣土场滑坡后，现场惨烈。

图 3-1　"12·20"深圳山体滑坡事故现场的演化过程

资料来源：苏德辰. 采矿坑变成灾难元凶的过程［EB/OL］.（2015-12-25）［2018-09-09］. http://blog. sciencenet. cn/home. php? mod = space&uid = 39317&do = blog&id = 945912.

3.3.2　情报感知的基本内涵

上述两起突发事件都凸显了突发事件应急决策中情报资源的重要性。无论是突发事件的内生信息源（如"8·12"天津滨海新区爆炸事故中的危险化学品登记信息等），还是突发事件的外生信息源（如"12·20"深圳山体滑坡事故中的群众举报、环评报告、卫星照片等），都是构建突发事件预警体系、提升突发事件预警能力的资源基础。① 但只有这些情报资源被搜集整合和挖掘判断，并被有效纳入突发事件情报工作流程，才能真正发挥全源情报的基础性作用。而这些已经发生的单一突发事件作为历史事件，其间产生的情报资源，总是因为与未来类似事件具有一些共同要素，或多或少地映射着彼此之间的相似之处。由无数的单一突发事件在时空演变中汇集成历史情景集②，扩充了"情景—应对"下的应急决策情报感知实现的资源基础，为后续的突发事件情报研判和决策支撑提供了更具有根据性的服务方案。例如，在"8·12"天津滨海新区爆炸事故发生后，广州市立即着手制作安全生产隐患电子地图，通过 3D 立体影像模式，在南沙和黄埔建立重大灾情情景建构方案。突发事件应急管理需要从全源融合的情报资源中归纳、提炼出有价值的情景，进行智能转化和推理研判，全面提升应急决策的情报感知能力，唯此才能满足应急管理中"现场的历史感"和"历史的现场观"的双重要求。

　　以往的突发事件情报工作大多是被动响应，而不是主动提供情报服务，在实践中容易出现情报失真、情报滞后、情报缺位等问题。如何有效加强情报工作，使突发事件应急管理部门能够及时、准确地获取情报，成为当前应急管理中的一个关键性问题。其中，应急决策情报感知是一个核心子领域，通过掌握情报信号的时间先行性和情报资源存在的真实情景的特点，对已有情报资源进行意义赋予、发现认识、判断分析，从而有效支撑应急管理就显得尤为重要。

　　"感知"一词，在《现代汉语词典》中被描述为客观事物通过感觉器官在人脑中的直接反映。在现实生活中，人们通过感知来了解周围环境并指导自己的行为，所以从认识论意义上讲，感知是对某种事实的认知，而感知能力就是对某种事实的认知能力，受到刺激敏感程度、经验和知觉的影响。结合钱学森关于情报的论述："情报就是为了解决一个特定的问题所需要的知识。情报是激活了、活化了的知识，或者精神财富，或者说利用资料提取出来的活东西"③，我们认为，情报感知是在数据、信息、知识被刺激并被激活的情况下所形成的一种新的认知。那么突发事件应急决策的情报感知就是以情报资源为基础，对突发事件风险及其演化态势的认知，是面向应急决策的对当前突发事

---

　　① 李纲，李阳. 情报视角下的突发事件监测与识别研究［J］. 图书情报工作，2014，58（24）：66－72.

　　② 姜卉，侯建盛. 基于情景重建的非常规突发事件应急处置方案的快速生成方法研究［J］. 中国应急管理，2012（1）：14－20.

　　③ 史秉能，袁有雄，卢胜军. 钱学森科技情报工作及相关学术文选［M］. 北京：国防工业出版社，2015：90－93.

件的发现识别、理解分析、积极响应的一种应急管理情报工作方式。所以，突发事件应急决策的情报感知实现必须建立在一定的情报资源基础上，在回答了"可能会发生什么事情？会造成什么影响？应该如何应对？"等问题，并找出突发事件的核心问题及其关键驱动力后，将可能出现的若干内容进行组合分析、推演和研判，探究具体突发事件应急管理的情报服务需求，提供快速响应情报服务及相应处置方案。

3.3.3　情报感知的应用思路

传统的突发事件应急管理习惯于将情报工作按其周期来完成，由此形成"遇到问题—产生需求—情报搜集—情报处理—情报分析"的思维模式，但这种线性、有序的流程很可能模糊突发事件应急管理情报工作中的认识过程，并且很容易让情报工作游离于其外。突发事件应急管理情报工作在实际中可能是凌乱的、交叉的、反馈的、非线性的，并充斥着不断涌现的情景要素及其所构成的情景象限，需要深刻把握情景应对下的多源异构细粒度情报感知理论和机理，唯此才能快速激活情报体系并展开情报研判服务工作。因此，突发事件应急决策情报感知的应用思路应遵循应急管理中的基本思路（图3-2），按照突发事件发生、发展和消失的过程进行认识和把握，这样才能形成有效的面向应急决策的情报感知实现路径。

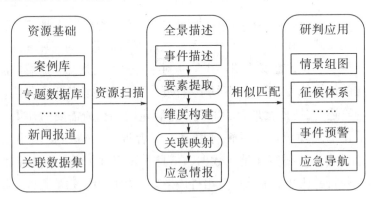

图3-2　突发事件应急决策情报感知的应用思路

（1）情报感知的资源基础。

突发事件情报工作模式不应该是储备了普适情报的"应急模型"，而应该是充分准备好各种应急"要素"。当突发事件发生时，能够以最快速度抽取"要素"，及时"组装"，帮助应急管理部门做出正确的决策。情报感知作为其中的一个核心子领域，强烈依赖于全源的情报资源，这些情报资源往往以数据库、案例库、数据集、网络平台等为载体。突发事件情报资源是情报感知的基本素材，来自各个部门、各个单位已经建立的数据库，记录了突发事件应急管理所需的文本、图片、视频、音频等基础数据，是开展情报感知工作的资源保障。例如，为了满足反恐情报工作需求，恐怖分子个人信息数据库、恐怖嫌疑人员数据库、恐怖组织基本信息数据库、恐怖组织财政信息数据库、出入境信息数据库、可疑车辆数据库、重点人员数据库等[1]，就是全面扫描和深度揭示恐怖主义行为关系图谱最有力的情报资源支撑。同样地，由国内外已经发生的突发事件聚集的案例库，能够清晰地显示突发事件发生的具体时间、表现形式、事件规模、危害程度、质变界点等，为预测未知且高度不确定的潜在突发事件提供了具体案例参考，是突发事件应急决策情报感知、智能转化和推理研判的可靠依据。

（2）情报感知的全景描述。

突发事件的情报资源不仅仅包括一般性的基础数据，如区域范围内的人口信息、法人信息、空间地理、自然资源、物质资源等，还囊括了典型突发事件的起始时间、特征属性、危害程度、影响范围、社会反应、应急响应等具体内容。应急决策所需的情报资源在描述突发事件时空属性并赋予内容本身意义时，也为当下和未来事件的演变提供了可能的组合及顺序。为了有效提升突发事件应急决策的情报感知能力，需要对这些情报资源进行全景描述，通过要素提取、维度构建以及与事件的关联映射，对相关实体及过程加以一致性解释和描述。这样就为情报工作人员提供了基础性的知识帮助和关键性的决策依据，从而有效推动人、技术和任务之间的协同互动。

（3）情报感知的研判应用。

当所有的情报资源都按照一定的方法加以描述之后，便形成了突发事件的资源框架。一旦有新的突发事件发生，就会刺激已经生成的资源框架，并激活其内部情报资源，帮助应急管理部门对当前的突发事件风险及其演化态势进行有效认知，从而快速响应，为应急决策提供支撑。这种刺激、激活、认知的情报感知能力可以通过事件情景相似度计算而实现。通过情景相似度计算可以明确哪些历史事件与当下事件最为接近，哪些事件要素之间具有高重合性，从而为后续的突发事件处置提供研判依据。

---

① 付文达，戴艳梅，王一帆. 基于综合集成方法的反恐全源情报分析体系研究［J］. 情报杂志，2015，34（12）：21—27.

3.4 情景应对模式下的情报感知

3.4.1 情景应对的应急管理

我国突发事件应急管理实行预防为主、预防与应急相结合的原则，无论是通过预防工作降低突发事件的发生概率及其造成的损失，还是通过应急工作防止事件引发危害的进一步扩大，都需要面向突发事件应急决策的快速响应情报工作予以支持。根据突发事件生命周期构成的基础情报、实时情报、衍生情报和经验情报组成了一个有机互补的应急决策情报资源集合[①]，在一定条件下可以被感知而且应当被感知，并实时转化为可激活的动态情报，为突发事件应急管理提供支撑。应当注意的是，情报资源是一定情景下的产物，并依赖特定情景实现价值和发挥作用，因而在情景分析的基础上探究突发事件应急决策的情报感知问题尤为必要。

情景分析作为一种战略决策的有效方法，在跨学科理论方法融合研究方面得到广泛应用。Swart 等（2004）认为，情景分析为人类科学选择提供了一个有力整合知识、审视未来的工具。[②] Postma 和 Tiebl（2005）强调情景分析尤其适合处理不确定性。[③] 情景应对型突发事件应急管理模式已在学界获得了广泛认可，Hernandez 和 Serrano（2001）提出了一种利用知识片段的情景应对应急管理架构体系[④]，Comes 等（2012）强调了标准的应急管理支持方案应包括完整的情景重建[⑤]，Amailef 和 Lu（2013）提出基于本体的案例情景推理的情报智能决策[⑥]。国内学者刘铁民（2012）、李仕明等（2014）在研究突发事

---

① 范炜，胡康林. 面向突发事件应急决策的情报支撑作用研究 [J]. 图书情报工作，2014，58（23）：19-25.

② Swart R J, Raskin P, Robinson J. The problem of the future: sustainability science and scenario analysis [J]. Global Environmental Change, 2004, 14（2）：137-146.

③ Postma T J B M, Liebl F. How to improve scenario analysis as a strategic management tool? [J]. Technological Forecasting and Social Change, 2005, 72（2）：161-173.

④ Hernandez J Z, Serrano J M. Knowledge-based models for emergency management systems [J]. Expert Systems with Applications, 2001, 20（2）：173-186.

⑤ Comes T, Wijngaards N, Maule J, et al. Scenario reliability assessment to support decision makers in situations of severe uncertainty [C]. IEEE International Multi-Disciplinary Conference on Cognitive Methods in Situation Awareness and Decision Support, 2012：30-37.

⑥ Amailef K, Lu J. Ontology-supported case-based reasoning approach for intelligent m-Government emergency response services [J]. Decision Support Systems, 2013, 55（1）：79-97.

件应急管理的情景规划构建和情景分层归类时都强调了情报资源的重要性，但缺乏以情报资源为核心和以情报感知为触发的情报流程主线。[①] 沙勇忠和李文娟 （2012）、姚乐野和范炜（2014）、李纲和李阳（2014）从信息管理、情报机理、情报体系等角度展开应急管理情报工作研究，提供了有助于本课题研究的分析框架与应用思路。[②] 可见，只有深刻把握呈现情报资源和支撑情报工作的情景特征，在情报资源的集成融合层面上讨论突发事件应急管理情报如何触发识别感知问题，将情景、情报、事件、历史、未来融为一体，才能真正在"情景—应对"应急管理模式下实现社会价值。

情景是描述将来可能的过程，它通过不同假设反映目前的趋势，分析关键的不确定因素如何发挥作用，以及有什么新的因素在起作用。情景并不是预测，它描绘关于未来可能的图像，所以它是　系列预期可能出现的状况的集合。情景不同于传统的"典型案例"，它不是一个具体事件的投影，而是无数同类事件和预期风险的集合。在一个突发事件的发生和演变过程中会出现很多情景，它们共同构成了突发事件情景集。每个情景又有各自独特的情景要素，构成了突发事件情景要素集合。当有新的事件发生时，可以通过分析情景要素之间的相似性，选择与当前突发事件最相近的情景，以此来制定应急方案，有效处置新的突发事件。[③]

3.4.2　情报资源的情景描述

《中华人民共和国突发事件应对法》按照社会危害程度将突发事件分为特别重大、重大、较大和一般四个级别，但在应对突发事件的实际工作中，既难以准确预知突发事件发生的具体时间、表现形式、事件规模等，也很难清晰判断某个突发事件发生后产生的危机能量大小、质变临界点等。突发事件对于情景有着依赖性，并且相同事件在不同情景下引发的次生、衍生事件也有所不

---

①　刘铁民. 重大突发事件情景规划与构建研究 ［J］. 中国应急管理，2012（4）：18－23. 李仕明，张志英，刘樑，等. 非常规突发事件情景概念研究 ［J］. 电子科技大学学报（社科版），2014，16（1）：1－5.

②　沙勇忠，李文娟. 公共危机信息管理 EPMFS 分析框架 ［J］. 图书与情报，2012（6）：81－90. 姚乐野，范炜. 突发事件应急管理中的情报本征机理研究 ［J］. 图书情报工作，2014，58（23）：6－11. 李纲，李阳. 情报视角下的突发事件监测与识别研究 ［J］. 图书情报工作，2014，58（24）：66－72.

③　盛勇，孙庆云，王永明. 突发事件情景演化及关键要素提取方法 ［J］. 中国安全生产科学技术，2015，11（1）：17－21.

同，由此进行的研究也需要围绕不同参考情景而展开。① 因此，破解突发事件发展态势的"感知鸿沟"②，亟须以全源情报理念构建情景应对的情报资源集成融合，满足情报的精准和实时需求。

多种信息源如传感器、数据库、案例库、网络舆情等都记载了以往突发事件的各类情报资源，涵盖了突发事件的类型、起始时间、延续时间、危害程度、波及范围、群体反应、应对措施等具体内容，构成了对未来可能发生的突发事件进行描述的情景要素。这些信息源所构成的情景要素既包含静态视域下不确定环境中的突发事件在时间序列上的属性描述，也囊括了动态视域下情景演变过程中的突发事件在空间序列上的自然、社会、经济、行政等结构因素和人的认知、心理、行为等驱动因素。③ 情景要素描述了突发事件各种态势的基本特征，除了赋予事件内容本身意义之外，也为未来事件的发生和发展提供了可能的组合及顺序。突发事件情景涵盖了事件演变过程中的所有要素，从单一的突发事件情景到突发事件的情景要素集合，包含了静态和动态的时空要素描述和可能性态势描述，这种情景要素认知上的统一将大大缩短危机处理时间。可见，从已知的情报资源依赖于一定路径预测未知的情景，强烈依赖于多源情报资源的集成融合，并对在此基础上提取的关键情景要素进行归类，如图 3-3 所示。

图 3-3 "情报资源—情景描述"的集成融合

已有的人工智能、数据库、模式识别、数据可视化等领域的理论和技术，有助于突发事件应急决策的情报感知所需情景要素的提取和应急情报转化基础工作的完成。通过对各种社会传感器及已有情报资源的配置与使用，依据具体优化准则集成融合时空文本中的情报资源，完成情景扫描下应急情报的转化和

① 马骁霄，仲秋雁，曲毅，等. 基于情景的突发事件链构建方法 [J]. 情报杂志，2013，32 (8)：155-158，149.

② 曾大军，曹志冬. 突发事件态势感知与决策支持的大数据解决方案 [J]. 中国应急管理，2013 (11)：15-23.

③ 李仕明，张志英，刘樑，等. 非常规突发事件情景概念研究 [J]. 电子科技大学学报（社科版），2014，16 (1)：1-5.

情景要素的提取。

3.4.3　情景嵌入的情报感知实现

突发事件存在诸多不确定性的本征是情景分析和应急管理相融合的根基，在理论上情景分析和情报感知能够有效嫁接，但如何在情景应对模式下寻求为事件提供研判支撑的情报感知实现路径，是突发事件应急管理情报工作面临的关键性问题。情景框架下的片段情报分析将存在内在关联的信息情报串联成"情报全景"，映射关联模型下的情报分析推理，聚类情景要素，认知情报特征，构建多突发事件情景之间的关系矩阵，寻找相似度最高的邻居集，预测突发事件演变态势，如图3-4所示。构成的拼图中的细粒度拼块成为情报感知的触发点。以业务需求为驱动回溯分析情报资源，能够及时有效响应敏感情报，快速推动人、技术、任务等的协同互动，并迅速、实时、直观、准确地激活情报工作体系。

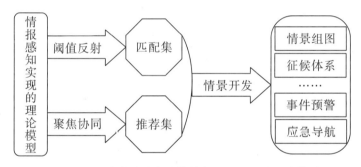

图 3-4　突发事件应急决策情报感知实现的理论模型

传统的突发事件应急管理的"一事一报一响应"模式所形成的"点"上的工作流程，缺乏基于关联情景开发的情报研判的融入，无法形成整体"面"上的工作机制，必将导致应急决策的低效。突发事件的危害性正是因为其"突发性"，但突发的偶然性是由一定的必然内容在条件转化中产生的质变结果。因此，需要充分挖掘突发事件各种情景要素在一定条件下相互联系、相互作用所形成的既相对稳定又变化发展的结构形态，并与研判决策目标加以比较分析，推断出事件的约束性条件、发展态势和影响其演变的精准策略，以发挥突发事件敏感指标的预见、危情爆发的社会警示、萌芽状态的早期干预和危害程度的后期缓解的社会功能。

因此，有必要在情报感知实现基础上提供特定情景下的决策支持服务，设计包括情景组图、征候体系、事件预警、应急导航等在内的情报研判支撑服务方案。由具体突发事件情景要素驱动并激活情报感知模型，当具体阈值反射凸显突发事件应急管理情报特征时，引发情景要素聚焦匹配，生成系列情景组图，有效预警突发事件及其次生和衍生事件，对有可能发生的事件链及其后果做好预防和应急导航，发挥情景嵌入的情报感知后续支撑服务功能。

可以说，突发事件应急决策的情报感知实现是应急管理情报工作在"输入—过程—输出"中的一个重要环节，有着动态渐进和螺旋上升的本质，是针对情报服务需求，在全面结合历史经验数据认识突发事件情景中的不确定因素的基础上，对可能出现的若干情景及其内容进行组合分析、推演和研判的一个有效的工作模式。

第 4 章　突发事件的情景要素提取

突发事件应急决策的情报感知实际上就是为了驱动应急决策所需的突发事件情报资源抽象化，对与事件相关的情景要素进行全面、及时、有效的认知，形成准确把握突发事件发展态势的能力。本章在情景要素分析的基础上，选取危险化学品事故作为研究对象，应用扎根理论对突发事件情景要素进行提取，以形成突发事件情景维度，为后续的突发事件应急决策的情报感知实现提供原始材料。

4.1　突发事件的情景要素

4.1.1　情景分析理论

情景分析（scenario analysis）作为一种战略决策的有效方法，近年来无论是在政府决策还是在企业战略中都得到了广泛的应用。早在 20 世纪 40 年代末，美国兰德公司的研究员就对核武器可能被敌对国家利用的各种情形加以描述，这可以说是情景分析的最早应用。20 世纪 70 年代，荷兰皇家壳牌集团运用情景分析方法，有效应对了当时的石油危机，称得上是一个经典案例。到了今天，情景分析已经在战略管理、政策分析、风险评价、决策管理等诸多领域得到充分重视，成为一种实用的分析工具。

情景分析的基本观点：未来充满了不确定性，不确定性是不可避免的，但未来有部分内容是可以预测的，这是由不确定性的特征决定的。情景分析是通过假设、预测、模拟等手段生成未来情景，并分析情景对目标产生影响的方法，所以情景分析的意义不在于准确地预测研究对象的未来状态，而在于对不同趋势条件下可能出现的状态进行考察、比较和研究。[①] 情景分析是对未来可能出现的一系列情景加以描述，获得一系列情景下未来状态的预测集，并形成

---

① 娄伟. 情景分析理论与方法 ［M］. 北京：社会科学文献出版社，2012：9-10，67.

一个总体的综合评价，具体如图 4-1 所示。[①]

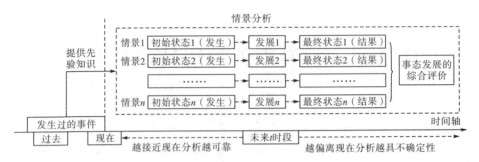

图 4-1 情景分析的基本框架图

由图 4-1 可见，情景分析基于发生过的事件所提供的先验知识，在现有条件下对将来可能发生的事件进行多样化、多维度分析，所以情景分析有别于预测。预测往往是线性并有明确结果的，而情景分析呈现的是多种可能结果的集合体，通过多种情景对未来可能的发展变化进行演示，利用情景展示未来的信息，以便从容应对未来的不确定性。情景分析所承认的未来发展的多样化和趋势结果的多种可能性，把单一的未来转变为多样的可选择的未来，把线性思考的预测转变为系统思考的预见，能将过去一些不连续的、微弱的情景信号确定为未来事件发展的演化元素，达到"历史的现场直播"和"现场的历史推演"，对于应对不确定性下的管理决策具有重要价值。

突发事件的发生、发展和衍生速度都是很快的，具体在什么时间、什么地点，以何种形式和规模爆发，通常都无法预知，再加上周边环境的变化和决策人员认知能力有限，在面对突发事件时，应急管理决策的一些常用方法就不一定适用了，也就难以及时、有效地展开相关工作。未来不确定性的本征是情景分析和应急管理的交叉根基。情景分析作为一种战略决策的有效方法，能够有效嫁接管理决策工作，并有着丰富的来自跨学科的理论、方法和技术的支撑，对于不确定性下的应急管理具有重要启示和应用价值。

美国和欧洲的一些国家都在积极应用情景分析方法应对突发事件。例如，美国通过开发国家应急规划情景指导联邦政府层面的应急准备工作，德国围绕重大突发事件情景持续性地开展了跨州演练工作。我国自 2003 年 SARS 事件之后开始积极进行重大突发事件情景构建的理论探索，情景分析已经成为我国开展应急管理工作的基本方法。例如，在"8·12"天津滨海新区爆炸事故发

---

① 赵思健，黄崇福，郭树军. 情景驱动的区域自然灾害风险分析 [J]. 自然灾害学报，2012，21 (1)：9-17.

生后，广州市立即着手制作安全生产隐患电子地图，通过 3D 立体影像模式，在南沙和黄埔建立重大灾情情景建构方案。目前已有的一些理论研究也表明情景分析对于应急管理具有很强的适用性，例如关于突发公共卫生事件[①]、非常规突发洪水灾害[②]、城市拆迁突发事件[③]、民航突发事件[④]、突发地质灾害[⑤]、生产安全事故[⑥]等的研究，为本课题的研究奠定了基础。

4.1.2　情景的一般性研究

情景的概念经常在教学研究、医疗救护、用户需求、战略决策等领域使用。自 2008 年底国家自然科学基金委员会启动"非常规突发事件应急管理研究"重大研究计划以来，"情景""情景—应对""情景分析"等成为应急管理研究的重要主题，并由此产生了丰富的成果。"情景"（scenario）一词最早出现于 1967 年 Kahn 和 Wiener 合著的《2000 年——关于未来 33 年猜想的框架》（*The Year* 2000：*A Framework for Speculation on the Next Thirty-Three Years*）一书中。他们认为情景是对事物未来所有可能的发展态势的描述，既包括对各种态势基本特征的定性和定量描述，也包括对各种态势发生可能性的描述。情景是一种基于高驱动力和高不确定性因素的假定，通过系统性分析，对未来做出可选择的、多样化的描述，所以它只是关于未来的描述故事。[⑦]

Fahey 认为一个情景应该包括结束状态（end-state）、策略（plot or story）、驱动力（driving force）和逻辑（logics）四个要素。他认为每个要素都可以多种方式发展，并且这些要素之间的相互关联导致了三种不同类型的情景：第一种是即时情景，探讨改变策略将会出现什么变化；第二种是不受限制的"如果—那么"情景，通常暗示着可能的结束状态；第三种是受限制的"如

①　刘德海，王维国，孙康. 基于演化博弈的重大突发公共卫生事件情景预测模型与防控措施 [J]. 系统工程理论与实践，2012，32（5）：937—946.

②　李锋，王慧敏. 基于知识元的非常规突发洪水应急情景分析与表达研究 [J]. 软科学，2016，30（4）：140—144.

③　刘德海，尹丽娟. 基于情景分析的城市拆迁突发事件博弈均衡演化模型 [J]. 管理评论，2012，24（5）：154—159.

④　吴倩，谈伟，盖文妹. 基于动态贝叶斯网络的民航突发事件情景分析研究 [J]. 中国安全生产科学技术，2016，12（3）：169—174.

⑤　张小趁，陈红旗. 基于情景应对模式的突发地质灾害应急防治探讨 [J]. 人民长江，2015，46（23）：29—33.

⑥　门红，王晶. 基于情景分析的生产安全事故应急物资的协调储备优化研究 [J]. 中国安全生产科学技术，2017，13（10）：64—68.

⑦　娄伟. 情景分析理论与方法 [M]. 北京：社会科学文献出版社，2012：9.

果—那么"情景，需要构想出完全不同的计划以评估不同行动造成的结果。①

在应急管理领域，情景不同于传统的"典型案例"，它不是一个具体事件的投影，而是无数同类事件和预期风险的集合。在一个突发事件的发生、演变过程中会出现很多情景，它们共同构成了突发事件情景集。当有新的事件发生时，可以通过分析情景之间的相似性，选择与当前情景最相近的情景，并据此制定应急方案，有效处置新的突发事件。②电子科技大学应急管理研究团队认为情景具有"未来""非预测""不确定""可能结果"（状态、趋势）等基本特征，是对事件未来发展态势的描述（包括可能的想象和假设），表现了一个事件从初始到未来的事态发展，是一种被期望的未来。所以，他们将情景分为聚类型情景、决策型情景和任务型情景，具体见表4-1。③

表4-1　不同层次的非常规突发事件情景概念

类　　型	基本内涵	特　　征
聚类型情景	是基于"真实事件"与"预期风险"凝炼、集合、抽象成的"虚拟事件"情景。	情景不是传统的"典型案例"，也不是具体事件的投影，而是无数同类事件与预期风险的集合。代表性质基本相近的事件和风险，体现出各类事件的共性与规律。
决策型情景	"情势和景况的结合"，是决策主体所面对的事件发生、发展的"情势"和"景况"。	决策是情景依赖的，情景是不断演变的，情景是主观与客观相融合、静态与动态相交织、广义与狭义相结合的。
任务型情景	是对未来情形以及使事态由初始状态向未来状态发展的一系列事实的描述。	通过对未来严密的推理和详细的描述来构想未来各种可能的方案。

我们认为，突发事件应急管理中的情景难以按照上述不同层次的情景概念加以明确划分，无论是决策还是任务所依赖的情景和情景构建的可能方案，都要基于无数同类事件的情景集合。对突发事件的"小情景"过程及相关实体进行描述，通过不同假设反映目前的趋势，分析关键的不确定因素如何发挥作用，以及有什么新的因素在起作用，最终构建应急管理的"大情景"。所以突发事件应急决策所需的资源聚合，尤其是情报资源聚合，应是由细粒度情景拼

①　岳珍，赖茂生. 国外"情景分析"方法的进展［J］. 情报杂志，2006（7）：59-60，64.

②　盛勇，孙庆云，王永明. 突发事件情景演化及关键要素提取方法［J］. 中国安全生产科学技术，2015，11（1）：17-21.

③　李仕明，张志英，刘樑，等. 非常规突发事件情景概念研究［J］. 电子科技大学学报（社科版），2014，16（1）：1-5.

块（plot）构成事件拼图（jigsaw puzzle）的过程，能够实时、直观、准确地展示突发事件的可能情景，与突发事件研判决策目标加以比较分析，从而快速感知情报资源具体内容和激活情报工作有机整体。

4.1.3　情景要素的描述

情景以过去的经验描述关于未来的故事。在一个情景中会有很多要素，这些要素通过组合形成了一个个情景。情景要素是情景的构成单元，也是分析情景间关系的重要依据，是反映事件发生发展状态与趋势的主要因素[①]。在突发事件的发生和演变过程中会出现很多情景，每个情景又有各自独特的情景要素，例如地震发生的时间、发生的地点和震级，就是地震自然灾害最基本的情景要素。如果对地震的情景要素进行形式化表示，就可以表达为：

$$S = \{T, P, M\}$$

式中，T，P，M 分别表示地震发生的时间、地震发生的地点和地震的震级。当然，地震这一突发事件的情景要素还可以分为波及范围、伤亡人数、建筑物破坏程度、地理环境条件、致灾原因等；波及范围又可以分为极重灾区、重灾区和一般灾区；极重灾区又可以分为地区 A、地区 B、地区 C；等等。例如，2008 年的"5·12"汶川地震就包括震中 50 千米范围内的县城和 200 千米范围内的大中城市，最后确定汶川地震极重灾区为 10 个县（市），重灾区为 41 个县（市、区），一般灾区为 186 个县（市、区）。

就单一的突发事件情景而言，情景要素可以从空间上加以分解。以 2017 年 7 月初以来我国西南及长江中下游部分地区强降雨所引发的洪涝灾害为例，用 S 表示。该灾害造成多个省份损失严重，可以在空间上对一级情景进行分解。S1 代表浙江，S2 代表湖南，S3 代表江西，S4 代表贵州，S5 代表广西。这里的一级情景之下可以定义二级情景，比如 S31 代表上饶，S32 代表九江，S33 代表景德镇，S34 代表宜春。如果可以的话，以此类推，情景可以自上而下地一直被分解到最小的单位，形成一个情景树。

对情景要素不仅可以在空间上加以分解，还可以在时间上加以分解。可以把情景想象成一个不断变化的画面，某一时点的整体情景则是由所展开的各个空间上的情景整合而成的。[②] 时间上的情景要素分解是整个情景集的时间切

---

① 孙山. 民航"重大突发事件情景构建"应用实例探讨 [J]. 中国安全生产科学技术，2014，10（4）：173−177.

② 姜卉，侯建盛. 基于情景重建的非常规突发事件应急处置方案的快速生成方法研究 [J]. 中国应急管理，2012（1）：14−20.

片，这些情景片段构成了突发事件的全景，也表征了突发事件情景在时间上的演变。例如，2008 年汶川地震发生初期，人们把注意力都集中在人员安置、家园重建、物资供给等方面，但随着时间的推移，这么大的自然灾害发生之后诱发了一连串的其他灾害，也就是灾害链上由原生灾害引发了次生灾害。这种次生灾害在时间上可以分解出来的情景，一方面就可以考虑自然层面的灾害情景，如滑坡、崩塌落石、泥石流、地裂缝、地面塌陷、砂土液化等次生地质灾害和水灾；另一方面就应考虑社会层面的灾害情景，如道路破坏导致的交通瘫痪、煤气管道破裂导致的火灾、下水管道损坏导致的饮用水水源污染、电讯设施破坏导致的通信中断，还有瘟疫流行、工厂毒气污染、医院细菌污染或放射性污染等。

突发事件应急管理需要将已有的情景作为风险实例，情景要素的分解能够全面剖析情景的构成和演变，对于客观分析突发事件和科学做出应急决策都具有基础性意义。应当强调的是，情报资源是一定情景下的产物，并依赖特定情景实现价值和发挥作用，情景要素事实上就是为了驱动应急决策所需的突发事件情报资源抽象化。只有对与事件相关的情景要素进行全面、及时、有效的认知，才能准确把握突发事件发展态势，快速地将相关情报提供给决策者，使其做出恰如其分的现场处置与应急部署。

4.2 突发事件情景要素提取方法

突发事件情景要素存在于每一个情景之中，每一个情景又有各自独特的情景要素。清晰的情景要素描述是突发事件应急决策的情报感知工作中极其重要的资源基础，是驱动情报工作体系的关键触发点。当一个新的突发事件发生时，可以通过该事件的情景要素与以往发生的突发事件的情景要素进行相似度匹配，以确定同类事件的相似情景，并以此来制定应急方案，有效处置新的突发事件。[①] 清晰的情景要素描述有赖于用一定的方法对情景要素加以提取，本研究主要采用扎根理论。

4.2.1 扎根理论概述

扎根理论是一种质性方法。"扎根"意指研究的分析和结果根植于所收集

---

① 盛勇，孙庆云，王永明. 突发事件情景演化及关键要素提取方法［J］. 中国安全生产科学技术，2015，11（1）：17—21.

的资料，其宗旨是在经验资料的基础上建立理论。[①] 研究者应用扎根理论时，在研究开始之前一般没有理论假设，直接从实际观察入手，从原始资料中归纳出经验，然后上升到理论。这是一种从下往上建立实质理论的方法，即在系统收集资料的基础上寻找反映社会现象的核心概念，然后通过这些概念之间的联系建构相关的社会理论。扎根理论一定要有经验证据的支持，但是它的主要特点不在于其经验性，而在于它从经验事实中抽象出了新的概念和思想。[②]

哥伦比亚大学的格拉斯（Glaser）和施特劳斯（Strauss）两位学者于1967 年在《扎根理论之发现：质化研究的策略》中正式提出了扎根理论的研究方法。在此后的一段时期，这两位学者及其他学者也在实践中或理论上不断丰富和完善扎根理论。在不同的时期，不同学者的研究又各有侧重。随着时间的推移，目前扎根理论的发展已经形成了三足鼎立的格局：一是具有客观主义精神的由格拉斯开创的"经典扎根理论"，其致力于一套系统的方法论建设；二是施特劳斯所主张的作为质性研究具体操作方法的"程序化扎根理论"；三是以美国社会学家卡麦兹（Charmaz）为代表的"建构主义扎根理论"。扎根理论进入了"多元发展时代"。[③]

4.2.2　扎根理论的应急管理应用

我国最近几年开始将扎根理论应用于突发事件应急管理研究领域。沙勇忠和曾小芳（2013）运用扎根理论的研究方法，针对厦门 PX 事件，研究了环境维权类群体性事件的动因及其演化过程。[④] 侯光辉和王元地（2014）采用扎根理论建立了邻避危机演进的整合性归因模型。[⑤] 李勇建等（2016）借助扎根理论研究影响我国群体性突发事件演进的因素，并构建了群体性突发事件的结构化描述模型。[⑥] 姜金贵等（2015）运用扎根理论研究群体性突发事件的诱发因

---

① Strauss A L. Qualitative analysis for social scientists [M]. Cambridge：Cambridge University Press，1987.

② 陈向明. 扎根理论的思路和方法 [J]. 教育研究与实验，1999 (4)：58−63.

③ Gao C J，Zhu Y L. Comments on grounded theory research method [J]. Advances in Psychology，2015 (5)：193−197.

④ 沙勇忠，曾小芳. 基于扎根理论的环境维权类群体性事件演化过程分析——以厦门 PX 事件为例 [J]. 兰州大学学报（社会科学版），2013，41 (4)：94−101.

⑤ 侯光辉，王元地. 邻避危机何以愈演愈烈——一个整合性归因模型 [J]. 公共管理学报，2014，11 (3)：80−92，142.

⑥ 李勇建，王治莹，王姝玮. 基于多案例研究的群体性突发事件结构化描述与控制决策 [J]. 系统管理学报，2016，25 (6)：1099−1107.

素和发生机理。[①] 宋之杰和李鑫（2017）通过采用扎根理论发现信息扩散这一核心范畴以及识别判断、情绪变化这些影响信任改变的因素。[②] 曹蓉等（2017）通过对应急管理部门相关人员访谈资料的扎根理论分析，得出应急决策过程包括信息获取、问题界定与目标确定、方案设计与选择以及实施四个阶段。[③] 上述研究表明扎根理论在突发事件因素归纳、突发事件形成机理、突发事件应急决策方面都得到了很好的应用，扎根理论的研究方法能够有效解决现有应急管理研究中的一些问题。

总体来看，目前国内学者在将扎根理论应用于突发事件的研究方面已经取得了一些成果，但经过文献查阅后发现，扎根理论在应急管理领域的应用并非广泛和全面，在突发事件应急管理情景要素提取方面还有进一步拓展的空间。已有的研究也表明扎根理论的开放式编码、主轴式编码和选择式编码都可以有效地将现象概念化，将概念条理化，风险灾害危机研究亦是如此。应用扎根理论厘清概念体系的结构，对面向风险社会发展知识生产和建构知识大厦都至关重要[④]。因此，应用扎根理论完成突发事件情景要素的提取是可行的。

4.2.3 扎根理论的实现过程

扎根理论的基本逻辑在于深入情景收集数据和资料，通过对数据的不断比较进行抽象化、概念化的思考和分析，从数据中归纳和提炼范畴，并在此基础上建立理论和模型。扎根理论立足于数据和材料本身，研究者摒弃了之前的理论或框架，一切以材料为主，然后一步步提炼，是一个从下到上的过程。在这个过程中，还可以对材料进行追溯和重复。

扎根理论的特点是立足于事实材料本身，最大限度地用概念和范畴来反映材料的内容。扎根理论弥补了质性研究只偏重经验传授与技巧训练的不足，提供了一套明确、系统的策略，以帮助研究者分析、整理资料，构建理论。扎根理论同时吸取了量化和质化两种研究方法的特点，采用质化研究的方式进行资料收集，在编码分析阶段则吸收了量化研究的方法。一般认为，扎根理论的实施主要包括资料收集、编码和理论生成三个步骤，其具体流程如图 4-2 所示。

---

① 姜金贵，张鹏飞，付棣，等. 群体性突发事件诱发因素及发生机理研究——基于扎根理论 [J]. 情报杂志，2015，34（1）：150—155.

② 宋之杰，李鑫. 新媒体下群体性突发事件演化影响因素研究 [J]. 现代传播，2017（3）：52—57.

③ 曹蓉，夏德雨，朱序. 基于扎根理论的管理者应急决策模式构建研究 [J]. 西北大学学报（哲学社会科学版），2017，47（3）：113—118.

④ 张海波. 专栏导语：风险灾害危机研究的概念体系 [J]. 风险灾害危机研究，2017（1）：1—9.

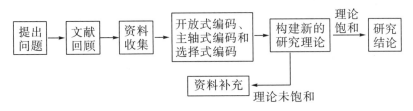

图 4-2　扎根理论的具体实施流程

　　资料收集是扎根理论实施的第一步，因为扎根理论是一种由现象归纳理论的研究方法，需要大量资料。收集的资料包括访谈记录、研究文献和视频录像等。编码是扎根理论实施中最重要的一环，主要包括三个阶段：开放式编码（open coding）、主轴式编码（axial coding）和选择式编码（selective coding）。这三个阶段各有侧重：第一个阶段，即开放式编码，主要是从原始材料中发现概念，归纳出初步的范畴；第二个阶段，即主轴式编码，主要是发现概念和范畴之间的关系，将归纳出来的概念和范畴联系起来；第三个阶段，即选择式编码，主要是归纳出研究问题的核心范畴，并且发现所研究问题的故事线。扎根理论实施的第三个步骤是理论生成，即在编码完成以后，研究者通过对编码结果的分析，构建新的理论和模型，但是理论的成型还需要进行饱和度检验，即通过在编码过程中未采用的原始材料来检验是否有新的概念和范畴出现，如果没有，则说明构建出的理论饱和。

4.3　突发事件情景要素提取实例

　　突发事件情景要素提取可以帮助我们更全面、客观地了解和认识突发事件中的各个关联因素，丰富突发事件情景，形成突发事件应急决策中情报感知的资源基础，从而快速激活突发事件情报工作体系。本部分选取危险化学品事故作为研究对象，应用扎根理论对此类型突发事件的情景要素进行提取，为突发事件应急决策的情报感知工作奠定基础。

4.3.1　资料收集与整理

　　通过初步的资料考察，把资料来源确定为危险化学品事故的案例描述，因为具体突发事件的案例描述和调查报告能够客观、真实地反映事件的起因、经过和救援过程，这是危险化学品事故情景要素的重要来源。为了使资料更加真实和全面，可以通过当时关于事故的一些新闻报道或其他资料进行补充和整合。

危险化学品事故的资料主要来自中央和各个地方应急管理部门的网站，然后再通过中国化学品安全协会网站和其他安全生产信息网站进行补充。危险化学品事故的具体研究样本主要选取对于整个事件的起因、经过等内容描述得比较详细的事故调查报告或者案例分析。本研究样本选择的事件为2000年以后国内发生的事故案例，包括火灾爆炸类案例、中毒窒息类案例、环境污染类案例等。在危险化学品事故案例搜集过程中，先浏览各个网站，对于其中的危险化学品事故信息进行标注和采集，然后对采集到的案例进行统计和筛选，去掉重复案例，最终确定本次研究的样本为120个危险化学品事故案例，主要案例来源分布情况见表4—2。

表4—2　危险化学品事故主要案例来源分布情况

案例来源	网址或具体来源	案例数量（个）
中华人民共和国应急管理部网站	http://www.mem.gov.cn	9
地方应急管理部门网站	23个省级应急管理厅、5个自治区应急管理厅和4个直辖市应急管理局的网站	25
中国化学品安全协会网站	http://www.chemicalsafety.org.cn	42
安全管理网	http://www.safehoo.com	22
其他安全生产信息网站	机电之家网、佰佰安全网等	22

接下来，对搜集到的所有样本案例进行整理和完善，对于内容描述不完整的案例进行补充，使其能够满足本研究的需要。将案例内容整理完成以后，就着手进行案例的编码和分析。选取其中的100个案例进行编码，剩余的20个案例进行饱和度检验。部分样本情况见表4—3。

表4—3　危险化学品事故案例部分样本情况

编号	事故名称	年份	类型	来源
1	天津港"8·12"瑞海公司危险品仓库特别重大火灾爆炸事故	2015	火灾爆炸污染	中华人民共和国应急管理部网站
2	晋济高速公路山西晋城段岩后隧道"3·1"特别重大道路交通危化品燃爆事故	2014	火灾爆炸	中华人民共和国应急管理部网站
3	山东省青岛市"11·22"中石化东黄输油管道泄漏爆炸特别重大事故	2013	爆炸	中华人民共和国应急管理部网站

编号	事故名称	年份	类型	来源
4	唐山开滦（集团）化工有限公司"3·7"重大爆炸事故	2014	爆炸	河北省应急管理厅网站
5	日照市山东石大科技石化有限公司"7·16"较大着火爆炸事故	2015	火灾爆炸	山东省应急管理厅网站
6	宁波某工业供水管道项目"11·20"较大窒息事故	2013	窒息	浙江省应急管理厅网站
7	浙江衢州市国峰塑料有限公司"5·21"中毒窒息事故	2011	中毒窒息	中国化学品安全协会网站
8	山东滨化滨阳燃化有限公司"1·1"中毒事故	2014	中毒	中国化学品安全协会网站
9	宁夏捷美丰友化工有限公司"9·7"较大氨泄漏中毒事故	2014	中毒	中国化学品安全协会网站
10	重庆开县"12·23"特大井喷事故	2003	火灾中毒窒息	安全管理网
11	河北克尔化工有限公司"2·28"重大爆炸事故	2012	爆炸	安全管理网
12	上海华谊丙烯酸有限公司"6·23"反应器爆燃事故	2013	爆炸	安全管理网
13	汝城县曙光煤矿"5·29"重大火药燃烧事故	2010	爆炸	机电之家网
14	唐山港陆钢铁有限公司"4·3"氮气窒息事故	2013	窒息	佰佰安全网
15	江苏德桥仓储有限公司"4·22"较大火灾事故	2016	火灾	中国工业气体工业协会网站

4.3.2 范畴提炼

本研究主要侧重于危险化学品事故的发生、发展和救援过程，对于案例涉及的处分和反思等不做研究。以下是基于扎根理论的编码分析过程。

4.3.2.1 开放式编码

开放式编码是研究者在确定中心范畴和特征编码之前，以开放的态度把所有资料按其呈现的自然状态进行登录的过程。① 开放式编码的目的在于通过对原始资料的分析来发现概念、界定范畴。开放式编码对原始资料进行逐字逐句的编码，为了减少编码分析者人为因素的影响，尽量采用原始的案例描述进行概念分析和范畴界定。在编码过程中，采用两位编码者都认同的方式，得出编码一致性为 87%；在有争议的编码部分，则通过讨论形成较为客观的意见。本研究的案例摘取内容主要按照事故原因、事故发生经过、事故后果、事故应急处置救援情况四个部分进行划分，对危险化学品事故案例的编码如下：事件编号－案例的内容部分编号－所选内容的语句顺序编号。比如：15－4－8，就表示第 15 个案例的第 4 个部分即事故应急处置救援情况部分的第 8 句话。

本研究先对编码好的原始资料进行分析，剔除无意义的记录和重复记录，然后对原始的编码资料即文本语句进行分析，得出概念。例如，从"震源药柱废药在回收复用过程中混入了起爆件中的太安，提高了危险感度"这一句话，可以分析出其属于概念"产生/加入了易爆/有害物质（加入的物质过量）"类。对于同一句话包含了两个概念的，则划入两个概念下，例如将"违规进行设备维修和基建施工"划入"违规施工"和"违规/章操作"两个概念下。此外，由于是针对突发事件本身发展而进行的研究，所以对于一些进展类及故事线类的概念，可能会由前后几句话的共同描述来构成，例如"输油管道与排水暗渠交汇处管道腐蚀减薄、管道破裂、原油泄漏，流入排水暗渠及反冲到路面"和"原油泄漏后，现场处置人员采用液压破碎锤在暗渠盖板上打孔破碎，产生撞击火花，引发暗渠内油气爆炸"这两句话共同构成了概念"设施故障/质量问题—物质泄漏—遭遇火花—爆炸"。对于伤亡人数和经济损失这类概念，则采取划分范围的方式进行概念化。需要说明的是，此范围划分是在分析大量资料的基础上，依据其分布梯度和聚集范围进行的。比如，将死亡人数划分为"1~10 人、10~50 人、50~100 人、100＋人"四个范围，而将转移/撤离人数划分为"10000 人以上、10000 人以下"两个范围。开放式编码的概念化示例见表 4－4。

---

① 姚春序，黄超，廖中举. 扎根理论视域下企业实验型文化维度构成［J］. 科技进步与对策，2017，34（19）：87－91.

表 4-4　开放式编码的概念化示例

案例	原始案例内容	概念化
1. 天津港"8·12"瑞海公司危险品仓库特别重大火灾爆炸事故	1-1-13：因此，认定最初着火物质为硝化棉。 1-1-25：集装箱内硝化棉局部自燃后，引起周围硝化棉燃烧，放出大量气体，箱内温度、压力升高，致使集装箱破损，大量硝化棉散落到箱外，形成大面积燃烧，其他集装箱（罐）内的精萘、硫化钠、糠醇、三氯氢硅、一甲基三氯硅烷、甲酸等多种危险化学品相继被引燃并介入燃烧，火焰蔓延到邻近的硝酸铵（在常温下稳定，但在高温、高压和有还原剂存在的情况下会发生爆炸；在 110℃开始分解，230℃以上时分解加速，400℃以上时剧烈分解、发生爆炸）集装箱。	a_{101} 致灾物质为其他化学物质中的多种化学物质（精萘、硫化钠、糠醇、三氯氢硅、一甲基三氯硅烷、甲酸、硝酸铵）
	1-1-21：据瑞海公司员工反映，在装卸作业中存在野蛮操作问题，在硝化棉装箱过程中曾出现包装破损、硝化棉散落的情况。 1-1-33：瑞海公司危险品仓库运抵区南侧集装箱内的硝化棉由于湿润剂散失出现局部干燥，在高温（天气）等因素的作用下加速分解放热，积热自燃，引起相邻集装箱内的硝化棉和其他危险化学品长时间大面积燃烧，导致堆放于运抵区的硝酸铵等危险化学品发生爆炸。	a_{62} 包装物/设施故障/破坏/质量问题—物质泄漏—高温—爆炸/火灾
	1-1-35：2013 年 3 月 16 日，瑞海公司违反《城乡规划法》第 9 条、第 40 条，《安全生产法》第 25 条，《港口法》第 15 条，《环境影响评价法》第 25 条，《消防法》第 11 条，《建设工程质量管理条例》（国务院令第 279 号）第 11 条，《国务院关于投资体制改革的决定》（国发〔2004〕20 号）第 2 条第 3 项，《港口危险货物安全管理规定》（交通运输部令 2012 年第 9 号）第 5 条等法律法规的有关规定，违反《天津市城市总体规划》和 2009 年 10 月《滨海新区西片区、北塘分区等区域控制性详细规划》（津滨管字〔2009〕115 号）、2010 年 4 月《滨海新区北片区、核心区、南片区控制性详细规划》（津滨政函〔2010〕26 号）关于事发区域为现代物流和普通仓库区域的有关规定，在未取得立项备案、规划许可、消防设计审核、安全评价审批、环境影响评价审批、施工许可等必需的手续的情况下，在现代物流和普通仓储区域违法违规自行开工建设危险货物堆场改造项目，并于当年 8 月底完工。	a_{26} 非法/违法经营/生产/运输（不具备生产条件）

案例	原始案例内容	概念化
	1−1−48：瑞海公司 2015 年月周转货物约 6 万吨，是批准月周转量的 14 倍多。 1−1−49：多种危险货物严重超量储存，事发时硝酸钾存储量 1342.8 吨，超设计最大存储量 53.7 倍；硫化钠存储量 484 吨，超设计最大存储量 19.4 倍；氰化钠存储量 680.5 吨，超设计最大存储量 42.5 倍。	a_7 超载/超储
	1−1−53：瑞海公司违反《危险货物集装箱港口作业安全规程》（JT 397—2007）第 6.1.4 条，在拆装易燃易爆危险货物集装箱时，没有安排专人现场监护，使用普通非防爆叉车；对委托外包的运输、装卸作业安全管理严重缺失，在硝化棉等易燃易爆危险货物的装箱、搬运过程中存在用叉车倾倒货桶、装卸工滚桶码放等野蛮装卸行为。	a_{21} 违规/章操作
	1−1−56：瑞海公司违反《危险化学品安全管理条例》（国务院令第 591 号）第 44 条和《港口危险货物安全管理规定》（交通运输部令 2012 年第 9 号）第 17 条第 3 款的有关规定，部分装卸管理人员没有取得港口相关部门颁发的从业资格证书，无证上岗。	a_{29} 相关人员不具备专业知识/资质
	1−1−57：该公司部分叉车司机没有取得危险货物岸上作业资格证书，没有经过相关危险货物作业安全知识培训，对危险品防护知识的了解仅限于现场不准吸烟、车辆要戴防火帽等，对各类危险物质的隔离要求、防静电要求、事故应急处置方法等均不了解。	a_{30} 安全教育培训不到位（安全意识淡薄）
	1−1−59：瑞海公司未按《机关、团体、企业、事业单位消防安全管理规定》（公安部令第 61 号）第 40 条的规定，针对理化性质各异、处置方法不同的危险货物制定应急处置预案，组织员工进行应急演练。	a_{25} 安全防护措施/设施不落实/应急救援管理不到位
	1−1−60：天津市交通运输委员会（原天津市交通运输和港口管理局）滥用职权，违法违规实施行政许可和项目审批；玩忽职守，日常监管严重缺失。 1−1−72：天津港（集团）有限公司在履行监督管理职责方面玩忽职守，个别部门和单位弄虚作假、违规审批，对港区危险品仓库监管缺失。 1−1−86：天津海关系统违法违规审批许可，玩忽职守，未按规定开展日常监管。	a_{28} 相关机构监督检查不力

案例	原始案例内容	概念化
	1-3-4：以大爆坑为爆炸中心，150 米范围内的建筑被摧毁，东侧的瑞海公司综合楼和南侧的中联建通公司办公楼只剩下钢筋混凝土框架。 1-3-6：参与救援的消防车、警车和位于爆炸中心南侧的吉运一道和北侧的吉运三道附近的顺安仓储有限公司、安邦国际贸易有限公司储存的 7641 辆商品汽车和现场灭火的 30 辆消防车在事故中全部损毁，邻近中心区的贵龙实业、新东物流、港湾物流等公司的 4787 辆汽车受损。	a_{131} 承灾建筑为事发车间/厂区； a_{130} 承灾建筑为周边建筑； a_{133} 承灾设施为现场设施
	1-3-13：事故造成 165 人遇难（参与救援处置的公安现役消防人员 24 人、天津港消防人员 75 人、公安民警 11 人，事故企业、周边企业员工和周边居民 55 人），8 人失踪（天津港消防人员 5 人，周边企业员工、天津港消防人员家属 3 人），798 人受伤住院治疗（伤情重及较重的伤员 58 人、轻伤员 740 人）。	a_{147} 死亡人数 100＋人； a_{143} 受伤人数 200＋人； a_{148} 失踪人数 8 人； a_{135} 受灾主体为现场人员/设施； a_{136} 受灾主体为周边单位及社区人员
	1-3-15：截至 2015 年 12 月 10 日，事故调查组依据《企业职工伤亡事故经济损失统计标准》（GB 6721—1986）等标准和规定统计，已核定直接经济损失 68.66 亿元人民币，其他损失尚需最终核定。	a_{158} 经济损失 1 亿＋元
	1-3-21：监测分析表明，本次事故对事故中心区大气环境造成较严重的污染。 1-3-22：事故发生后至 9 月 12 日之前，事故中心区检出的二氧化硫、氰化氢、硫化氢、氨气超过《工作场所有害因素职业接触限值》（GBZ 2—2007）中规定的标准值 1~4 倍。	a_{127} 大气环境污染
	1-3-47：初步分析，事故中心区外局部 30 米以上地下水受到污染，地表污染水体下渗、地下管网优势通道渗流是地下水受污染的主要原因。	a_{128} 水环境污染
	1-3-48：本次事故对事故中心区土壤造成污染，部分点位氰化物和砷浓度分别超过《场地土壤环境风险评价筛选值》（DB11/T 811—2011）中公园与绿地筛选值的 0.01~31.0 倍和 0.05~23.5 倍，苯酚、多环芳烃、二甲基亚砜、氯甲基硫氰酸酯等有检出，目前仍在对事故中心区的土壤进行监测。	a_{126} 土壤环境污染

案例	原始案例内容	概念化
	1-4-22：共动员现场救援处置的人员达1.6万多人，动用装备、车辆2000多台，其中解放军2207人，339台装备；武警部队2368人，181台装备；公安消防部队1728人，195部消防车；公安其他警种2307人；安全监管部门危险化学品处置专业人员243人；天津市和其他省区市防爆、防化、防疫、灭火、医疗、环保等方面专家938人，以及其他方面的救援力量和装备。	a_{188} 消防员1000＋人；a_{191} 消防车100＋辆；a_{201} 危化品处置专业人员；a_{197} 心理专家；a_{198} 医疗专家组；a_{199} 防化兵；a_{209} 车辆设备；a_{196} 其他参与救灾人员
	1-4-25：公安消防部队会同解放军（原北京军区卫戍区防化团、解放军舟桥部队、预备役力量）、武警部队等组成多个搜救小组，反复侦检、深入搜救，针对现场存放的各类危险化学品的不同理化性质，利用泡沫、干沙、干粉进行分类防控灭火。	a_{176} 抢险处置
	1-4-28：同时，对事故中心区及周边大气、水、土壤、海洋环境实行24小时不间断监测，采取针对性防范处置措施，防止环境污染扩大。	a_{181} 环境监测
	1-4-30：国家卫计委和天津市政府组织医疗专家，抽调9000多名医务人员，全力做好伤员救治工作，努力提高抢救成功率，降低死亡率和致残率。	a_{195} 医护人员100＋人
	1-4-33：实施出院伤员与基层医疗机构无缝衔接，按辖区属地管理原则，由社区医疗机构免费提供基本医疗服务；实施心理危机干预与医疗救治无缝衔接，做好伤员、遇难人员家属、救援人员等人群的心理干预工作。	a_{177} 善后处置

案例	原始案例内容	概念化
2. 晋济高速公路山西晋城段岩后隧道"3·1"特别重大道路交通危化品燃爆事故	2-3-1：2014 年 3 月 1 日 14 时 45 分许，位于山西省晋城市泽州县的晋济高速公路山西晋城段岩后隧道内，两辆运输甲醇的铰接列车追尾相撞，前车甲醇泄漏起火燃烧，隧道内滞留的另外两辆危险化学品运输车和 31 辆煤炭运输车等车辆被引燃引爆，造成 40 人死亡、12 人受伤和 42 辆车烧毁，直接经济损失 8197 万元。	a_{145} 死亡人数 10～50 人；a_{139} 受伤人数 1～30 人；a_{157} 经济损失 5000 万～1 亿元；a_{92} 致灾物质为其他化学物质中的甲醇
	2-4-9：由大队驻地出发的 2 名民警于 15 时 7 分在距岩后隧道 1 公里处赶上了被堵在路上的晋城消防支队第一梯队，立即疏导车辆，打开中央防护栏，引导消防车逆行抵近岩后隧道北口，并通知山泽州收费站出发的另一组民警折返赶赴岩后隧道南口。	a_{183} 交通保障
	2-4-20：16 时 45 分，晋城市委、市政府有关领导同志率领相关部门相继抵达岩后隧道入口，成立了以晋城市常务副市长为总指挥的晋城市现场抢险救援指挥部，调派增援力量并部署有关单位进一步做好现场控制、人员搜救、伤者救治、疏散安置、环境保护、应急保障、善后维稳等有关工作。	a_{175} 伤员救治；a_{182} 群众疏散；a_{177} 善后处置
	2-1-1：晋 E 23504/晋 E 2932 挂铰接列车在隧道内追尾豫 H C2923/豫 H 085J 挂铰接列车，造成前车甲醇泄漏，后车发生电气短路，引燃周围可燃物，进而引燃泄漏的甲醇。 2-1-2：两车追尾的原因：晋 E 23504/晋 E 2932 挂铰接列车在进入隧道后，驾驶员未及时发现停在前方的豫 H C2932/豫 H 085J 挂铰接列车，距前车仅五六米时才采取制动措施。 2-1-3：晋 E 23504 牵引车准牵引总质量（37.6 吨）小于晋 E 2932 挂罐式半挂车的整备质量与运输甲醇质量之和（38.34 吨），存在超载行为，影响刹车制动。	a_{67} 违规操作—设施破坏—物质泄漏—遭遇明火/火花—爆炸；a_7 超载/超储
	2-1-1：企业法定代表人不能有效履行安全生产第一责任人责任；企业应急预案编制和应急演练不符合规定要求。	a_{25} 安全防护措施/设施不落实/应急救援管理不到位
	2-1-53：此次事故中的危险化学品罐式半挂车实际运输介质均与设计充装介质、公告批准、合格证记载的运输介质不相符。 2-1-54：按照 GB 18564.1—2006 的要求，不同的介质因为化学特性差异，在计算压力、卸料口位置和结构、安全泄放装置的设置要求等方面均存在差异，未按出厂标定介质充装，造成安全隐患。	a_4 包装物/存储地与所包装/存储的化学品不符

案例	原始案例内容	概念化
3. 山东省青岛市"11·22"中石化东黄输油管道泄漏爆炸特别重大事故	3-3-5：爆炸还造成周边多处建筑物不同程度损坏，多台车辆及设备损毁，供水、供电、供暖、供气多条管线受损。	a_{130}承灾建筑为周边建筑；a_{133}承灾设施为现场设施
	3-3-6：泄漏原油通过排水暗渠进入附近海域，造成胶州湾局部污染。	a_{128}水环境污染
	3-4-1：爆炸发生后，山东省委书记姜异康、省长郭树清迅速率领有关部门负责同志赶赴事故现场，指导事故现场处置工作。 3-4-2：青岛市委、市政府主要领导同志立即赶赴现场，成立应急指挥部，组织抢险救援。	a_{161}省/市/县/区政府办公厅/市委
	3-1-1：输油管道与排水暗渠交汇处管道腐蚀减薄、管道破裂、原油泄漏，流入排水暗渠及反冲到路面。	a_1物质泄漏/外溢
	3-1-2：原油泄漏后，现场处置人员采用液压破碎锤在暗渠盖板上打孔破碎，产生撞击火花，引发暗渠内油气爆炸。	a_{31}遭遇火花（电气线短路/静电/明火）
	3-1-9：中石化集团公司和中石化股份公司安全生产责任落实不到位。	a_{23}安全生产责任不落实
	3-1-25：青岛站、潍坊输油处、中石化管道分公司对泄漏原油数量未按应急预案要求进行研判，对事故风险评估出现严重错误，没有及时下达启动应急预案的指令。	a_{39}救灾研判失误
	3-1-26：未按要求及时全面报告泄漏量、泄漏油品等信息，存在漏报问题。	a_{45}隐瞒、漏报、不及时上报
	3-1-28：抢修现场未进行可燃气体检测，盲目动用非防爆设备进行作业，严重违规违章。	a_{16}作业前未经审批/检测
	3-1-30：督促指导青岛市、开发区两级管道保护工作主管部门和安全监管部门履行管道保护职责和安全生产监管职责不到位，对长期存在的重大安全隐患排查整改不力。	a_{28}相关机构监督检查不力
	3-1-40：开发区控制性规划不合理，规划审批工作把关不严。 3-1-43：事故发生区域危险化学品企业、油气管道与居民区、学校等近距离或交叉布置，造成严重安全隐患。	a_{18}事发地规划建设混乱/存在缺陷

案例	原始案例内容	概念化
9. 宁夏捷美丰友化工有限公司"9·7"较大氨泄漏中毒事故	9-1-1：中国成达工程有限公司设置在壳侧设备出口管线上（保护二手设备）的 01E0507 和 01E0508 安全阀均为气液两相，在氨蒸发器 01E0507 安全阀 PRV-01E0507 起跳后，液氨直接进入氨事故火炬管线，加之氨事故火炬未按国家强制性标准《石油化工企业设计防火规范》（GB 50160—2008）要求在氨事故放空管网系统上设计、安装气液分离罐，致使液氨从事故火炬口喷出，汽化后迅速扩散。	a_{13} 设施系统设计/安装违规
	9-1-2：氨事故火炬系统是重要的安全设施，中国成达工程有限公司编制的宁夏捷美丰友化工有限责任公司建设项目安全设施设计专篇中未分析氨事故火炬系统存在的风险并提出相应的预防措施，也未明确氨事故火炬系统的设备选型和设备一览表，存在严重的设计缺陷。	a_{11} 工程/工艺设计不合理/落后
	9-1-5：且陕西金黎明石化工程公司仅具有二级压力容器设计资质，存在超越其设计资质等级许可的范围承揽工程设计的违法行为。	a_{26} 非法/违法经营/生产/运输（不具备生产条件）
	9-1-8：系统检修后开车，没有按国家安全监管总局《关于加强化工过程安全管理的指导意见》要求进行开车安全条件表单逐项确认。	a_{16} 作业前未经审批/检测
	9-1-11：企业应急处置不及时，事发后，没有及时对厂外过路车辆及群众进行疏散，导致企业职工和厂外（公路）过路人员急性氨中毒。	a_{44} 防治技术不成熟（不具备防治技术知识）/救灾不当/救灾不及时
	9-4-5：宁东环保局连续对事故周边区域有毒气体进行监测，截至 22 时最后一次监测未检出氨气等有毒气体，周边环境空气质量已达标并恢复正常。	a_{181} 环境监测
	9-3-1：事故造成火炬装置周边约 200 米范围内 41 人急性氨中毒，大约 1000 株树木、2000 平方米植被受损枯黄。	a_{152} 中毒人数 10～50 人；a_{129} 环境破坏

案例	原始案例内容	概念化
73. 江苏省苏州昆山市中荣金属制品有限公司"8·2"特别重大爆炸事故	73-1-1：事故车间除尘系统较长时间未按规定清理，铝粉尘集聚。	a_2物质残留
	73-1-3：1号除尘器集尘桶锈蚀破损，桶内铝粉受潮，发生氧化放热反应，达到粉尘云的引燃温度，引发除尘系统及车间的系列爆炸。	a_8设施腐蚀/老化/存在质量问题/故障
	73-1-4：因没有泄爆装置，爆炸产生的高温气体和燃烧物瞬间经除尘管道从各吸尘口喷出，导致全车间所有工位操作人员直接受到爆炸冲击，造成群死群伤。	a_{11}工程/工艺设计不合理/落后
	73-1-19：中荣公司无视国家法律，违法违规组织项目建设和生产，是事故发生的主要原因。	a_{26}非法/违法经营/生产/运输（不具备生产条件）
	73-1-37：现场作业人员密集，岗位粉尘防护措施不完善，未按规定配备防静电工装等劳动保护用品，进一步加重了人员伤害。	a_{42}没有采取安全防护措施/不到位/应急救援管理不到位/安全设施不完善
	73-4-1：8月2日7时35分，昆山市公安消防部门接到报警，立即启动应急预案，第一辆消防车于8分钟内抵达，先后调集7个中队、21辆车辆、111人，组织了25个小组赴现场救援。	a_{168}消防部门；a_{189}消防车1~50辆；a_{186}消防员100~500人
	73-4-3：交通运输部门调度8辆公交车、3辆卡车运送伤员至昆山各医院救治。	a_{170}交通管理局
	73-4-4：环境保护部门立即关闭雨水总排口和工业废水总排口，防止消防废水排入外环境，并开展水体、大气应急监测。	a_{181}环境监测
	73-3-1：依照《生产安全事故报告和调查处理条例》（国务院令第493号）规定的事故发生后30日报告期，共有97人死亡、163人受伤（事故报告期后，经全力抢救，因医治无效陆续死亡49人，尚有95名伤员在医院治疗，病情基本稳定），直接经济损失3.51亿元。	a_{147}死亡人数100+人；a_{142}受伤人数100~200人；a_{158}经济损失1亿+元
	73-2-2：7时34分，1号除尘器发生爆炸。爆炸冲击波沿除尘管道向车间传播，扬起除尘系统内和车间集聚的铝粉尘，发生系列爆炸。 73-1-3：1号除尘器集尘桶锈蚀破损，桶内铝粉受潮，发生氧化放热反应，达到粉尘云的引燃温度，引发除尘系统及车间的系列爆炸。 73-1-1：事故车间除尘系统较长时间未按规定清理，铝粉尘集聚。	a_{47}物质聚集—物质反应—爆炸

　　形成基本概念以后，需要对概念进行范畴化以分析概念之间的逻辑关系，并逐渐将概念分层归纳，例如"物质泄漏/外溢""物质残留"等概念就可以归入"物质状态"范畴，而"设施腐蚀/老化/存在质量问题/故障"等概念就可以归入"设施状态"范畴。对于一些范畴不太明确的概念，可以结合其他学科的专门知识对其进行划分，例如涉及化学物质的范畴划分，则通过请教相关专业人员后进行更科学、合理的范畴归类。而一些概念具有事件过程相似性，例如"违规操作—火灾—产生有害物质—中毒""物质聚集—物质反应—爆炸"，则将它们统一划入"演化过程"这一范畴。还有一些范畴较难确定的概念，通过结合案例描述及事件进展本身进行划分，比如"救灾研判失误""自然原因加剧""没有采取安全防护措施/不到位/应急救援管理不到位/安全设施不完善"等，这些概念指代内容都是描述危险化学品事故中加剧影响的因素，所以结合事件描述本身将其划入"加剧因素"这一范畴。通过概念的范畴化工作，一共形成了 37 个范畴，209 个概念。开放式编码的编码结果见表 4-5。

表 4-5　开放式编码的编码结果

编号	范畴	概　念	内涵
A_1	物质状态	a_1物质泄漏/外溢；a_2物质残留；a_3物质富集；a_4包装物/存储地与所包装/存储的化学品不符；a_5物质分解/反应；a_6产生/加入了易爆/有害物质（加入的物质过量）；a_7超载/超储	主要指事故发生前的化学物质所呈现和所处的状态，是事故的背景
A_2	设施状态	a_8设施腐蚀/老化/存在质量问题/故障；a_9设施未经检验（设施状态存在问题）；a_{10}设施/建筑设计与用途不符	主要指事故发生前设施存在的隐患，是造成事故的设施因素
A_3	工艺情况	a_{11}工程/工艺设计不合理/落后；a_{12}未配备救灾器材和防护用品（不完善）；a_{13}设施系统设计/安装违规；a_{14}不具备相应的生产工艺（工艺不达标）；a_{15}未按相关标准/规定操作/运行（操作规程、操作流程有问题和标准不健全）；a_{16}作业前未经审批/检测	造成事故的工程、工艺因素
A_4	作业空间	a_{17}受限空间；a_{18}事发地规划建设混乱/存在缺陷；a_{19}生产工艺布局设计违法/存在缺陷	造成事故的空间和厂房及工艺布局因素
A_5	操作运行	a_{20}操作不当；a_{21}违规/章操作；a_{22}违规施工	造成事故的人为操作因素

编号	范畴	概　念	内涵
A_6	管理方式	a_{23}安全生产责任不落实；a_{24}安全生产管理混乱；a_{25}安全防护措施/设施不落实/应急救援管理不到位；a_{26}非法/违法经营/生产/运输（不具备生产条件）；a_{27}未进行及时有效的检修、监控、隐患排查/方式、标准不合格/公司监督、把关不严；a_{28}相关机构监督检查不力；a_{29}相关人员不具备专业知识/资质；a_{30}安全教育培训不到位（安全意识淡薄）	造成事故的管理方面存在的问题和隐患
A_7	触发条件	a_{31}遭遇火花（电气线短路/静电/明火）；a_{32}物质泄漏/溢出/残留；a_{33}压力/温度达到了物质引燃/爆炸温度；a_{34}危险物质受挤压、摩擦；a_{35}撞车；a_{36}物质发生反应/分解；a_{37}装载设施破坏/故障；a_{38}进入有害物质区域	触发事故的行为和状态
A_8	加剧因素	a_{39}救灾研判失误；a_{40}事发地空间受限；a_{41}自然原因加剧；a_{42}没有采取安全防护措施/不到位/应急救援管理不到位/安全设施不完善；a_{43}违规施工；a_{44}防治技术不成熟（不具备防治技术知识）/救灾不当/救灾不及时；a_{45}隐瞒、漏报、不及时上报	在事故发生后导致事故伤害加剧的因素
A_9	演化过程	a_{46}违规操作—火灾—产生有害物质—中毒；a_{47}物质聚集—物质反应—爆炸；a_{48}撞击/挤压/摩擦物质—爆炸；a_{49}遭遇明火/静电/火花—爆炸/火灾；a_{50}违规操作—物质泄漏—中毒；a_{51}违规操作—物质反应—反应物溢出/泄漏—中毒；a_{52}违规操作—进入有毒物质区域—窒息/中毒；a_{53}进入有害物质区域—中毒/窒息；a_{54}违规操作—设施故障—物质泄漏；a_{55}违规操作—物质泄漏/溢出—遭遇静电/火花/明火—爆炸/火灾；a_{56}违规操作—产生火花/明火—爆炸/火灾；a_{57}违规操作—物质残留—遭遇火花—爆炸；a_{58}违规操作—爆炸/火灾；a_{59}违规操作—中毒；a_{60}设施破坏—爆炸；a_{61}设施质量问题/故障/破坏—物质泄漏—中毒/窒息；a_{62}包装物/设施故障/破坏/质量问题—物质泄漏—高温—爆炸/火灾；a_{63}设施破坏—物质泄漏—物质反应—爆炸；a_{64}设施故障/质量问题—物质泄漏—遭遇火花—爆炸；a_{65}违规操作—遭遇火花—爆炸；a_{66}物质泄漏/挥发—违规操作—遭遇火花—爆炸；a_{67}违规操作—设施破坏—物质泄漏—遭遇明火/火花—爆炸；a_{68}违规操作—超温超压—物质反应—爆炸/火灾；a_{69}违规操作—产生易爆物质—遭遇火花—爆炸；a_{70}违规操作—物质分解/反应—超压超温—爆炸	事故的发展过程
A_{10}	火灾及爆炸	a_{71}爆炸；a_{72}火灾	火灾爆炸事故

编号	范畴	概　念	内涵
A_{11}	中毒及窒息	a_{73}中毒/窒息	中毒窒息事故
A_{12}	污染及破坏	a_{74}污染/破坏	污染事故
A_{13}	其他化学物质	a_{75}乙炔；a_{76}氟化氢；a_{77}煤焦油；a_{78}甲苯；a_{79}二氯氟苯；a_{80}熔盐；a_{81}乙酸乙烯酯，a_{82}二硫化碳；a_{83}硅酸钠，a_{84}液化气；a_{85}二甲苯；a_{86}甲酸甲酯；a_{87}甲基丙烯酸甲酯；a_{88}丙烯酸甲酯；a_{89}硝酸钡；a_{90}硬脂酸粉尘；a_{91}二异丙胺；a_{92}甲醇；a_{93}氯甲烷；a_{94}硫化氢；a_{95}甲硫醇；a_{96}氰化氢；a_{97}二硫化碳；a_{98}可燃粉尘；a_{99}光气；a_{100}脱硫剂；a_{101}多种化学物质（精萘、硫化钠、糠醇、三氯氢硅、一甲基三氯硅烷、甲酸、硝酸铵）；a_{102}二苯甲酮；a_{103}二氧化氮（等氧化剂）；a_{104}二硝基苯；a_{105}乙醇；a_{106}氨气、氨水、液氨；a_{107}二氧化碳；a_{108}硝酸胍；a_{109}液氯、氯气；a_{110}氮气；a_{111}丙烯；a_{112}氢气；a_{113}硫酸；a_{114}一氧化碳；a_{115}乙烷；a_{116}丙烷；a_{117}氯苯；a_{118}液萘；a_{119}硝酸铵；a_{120}甲烷；a_{121}双氧水；a_{122}氧气	引发事故或者造成危害的主要物质（除去石油、天然气和炸药的其他化学物质）
A_{14}	炸药类	a_{123}炸药	引发事故或者造成危害的主要物质为炸药
A_{15}	石油天然气类	a_{124}天然气；a_{125}油气混合物（石油）	引发事故或者造成危害的主要物质为石油、天然气类物质
A_{16}	环境污染	a_{126}土壤环境；a_{127}大气环境；a_{128}水环境	事故造成的环境污染
A_{17}	环境破坏	a_{129}环境破坏	事故造成的环境破坏
A_{18}	承灾建筑	a_{130}周边建筑；a_{131}事发车间/厂区	事故中的主要受灾建筑
A_{19}	承灾设施	a_{132}事发隧道/公路；a_{133}现场设施；a_{134}管道/暗渠	事故中的主要受灾设施
A_{20}	受灾主体	a_{135}现场人员/设施；a_{136}周边单位及社区人员	事故中的主要受灾人员
A_{21}	抗灾主体	a_{137}输油处；a_{138}相关救灾单位	主要抗灾单位

编号	范畴	概 念	内涵
A_{22}	受伤人数	a_{139} 1~30 人；a_{140} 30~50 人；a_{141} 50~100 人；a_{142} 100~200 人；a_{143} 200＋人	事故造成的受伤人数，划分为五个区间
A_{23}	死亡人数	a_{144} 1~10 人；a_{145} 10~50 人；a_{146} 50~100 人；a_{147} 100＋人	事故造成的死亡人数，划分为四个区间
A_{24}	失踪人数	a_{148} 失踪人数	事故造成的失踪人数
A_{25}	转移/撤离人数	a_{149} 10000 人以下；a_{150} 10000 人以上	事故引发的转移和撤离人数，划分为两个区间
A_{26}	中毒人数	a_{151} 1~10 人；a_{152} 10~50 人	事故造成的中毒人数，划分为两个区间
A_{27}	经济损失	a_{153} 1~100 万元；a_{154} 100 万~500 万元；a_{155} 500 万~1000 万元；a_{156} 1000 万~5000 万元；a_{157} 5000 万~1亿元；a_{158} 1 亿＋元	事故造成的经济损失，划分为六个区间
A_{28}	国家救援抢险单位	a_{159} 国务院应急管理办公室；a_{160} 国家安全监督管理局	参与抢险救援和处置的国家级单位
A_{29}	地方救援抢险单位	a_{161} 省/市/县/区政府办公厅/市委；a_{162} 安全局；a_{163} 公安/武警单位；a_{164} 卫生局/计生委/医院单位；a_{165} 县/区/市/省安全生产监督局；a_{166} 本单位现场指挥组/本单位人员；a_{167} 专家组/专业救援队伍；a_{168} 消防部门；a_{169} 海事局；a_{170} 交通管理局；a_{171} 供水供电部门；a_{172} 环境保护部门/气象部门；a_{173} 县/区/市/省应急委员会（市/省应急指挥中心）	参与抢险救援和处置的省市级和区县等地方级单位
A_{30}	应急救援	a_{174} 人员搜救；a_{175} 伤员救治	应急救援措施和行动
A_{31}	应急处置	a_{176} 抢险处置；a_{177} 善后处置；a_{178} 社会秩序维护；a_{179} 隐患排查；a_{180} 新闻宣传；a_{181} 环境监测；a_{182} 群众疏散；a_{183} 交通保障	应急处置行为和措施

编号	范畴	概　　念	内涵
A_{32}	消防员	a_{184} 1～50 人；a_{185} 50～100 人；a_{186} 100～500 人；a_{187} 500～1000 人；a_{188} 1000+人	参与抢险救援和处置的消防员数量，划分为五个区间
A_{33}	消防车	a_{189} 1～50 辆；a_{190} 50～100 辆；a_{191} 100+辆	参与抢险救援和处置的消防车数量，划分为三个区间
A_{34}	救护车	a_{192} 1～50 辆；a_{193} 50+辆	参与抢险救援和处置的救护车数量，划分为两个区间
A_{35}	医护人员	a_{194} 1～100 人；a_{195} 100+人	参与抢险救援和处置的医护人员数量，划分为两个区间
A_{36}	其他抢险人员	a_{196} 其他参与救灾人员；a_{197} 心理专家；a_{198} 医疗专家组；a_{199} 防化兵；a_{200} 社区街道人员；a_{201} 危化品处置专业人员	参与抢险救援和处置的其他人员
A_{37}	其他救援资源	a_{202} 搜救犬；a_{203} 挖掘机；a_{204} 升降机；a_{205} 无人机；a_{206} 清污船；a_{207} 生命探测仪；a_{208} 海上消防船；a_{209} 车辆设备	参与抢险救援和处置的其他资源

4.3.2.2　主轴式编码

在概念化和范畴化阶段，研究资料被分解并提炼出了诸多范畴，为了建立这些范畴之间的关系，在扎根理论的第二个阶段——主轴式编码，就会对开放式编码结果做进一步的加工、分析和整合，发现开放式编码中各个范畴之间潜在的逻辑关系。主轴式编码形成的主范畴与开放式编码产生的范畴是包含与被包含的关系，本研究按照初步简单归类、深入分析、逐步修正的编码方式，对开放式编码形成的 37 个范畴进行分析归纳。

在危险化学品事故资料的主轴式编码中，经过不断地分析和归纳，最终得到风险状态、致灾行为、致灾过程、致灾方式、致灾物质、自然环境、建筑设施、承灾主体、人员伤亡、经济损失、应急主体、应急处置及救援、资源配置这 13 个主范畴，见表 4-6。危险化学品事故的主轴式编码从事件本身出发，分析范畴之间的逻辑关系，将具有联结关系的范畴归入新的范畴，并以新形式将这些看似互相独立的范畴进行重新组织。例如，本研究将 A_1 物质状态、A_2 设施状态、A_3 工艺情况、A_4 作业空间联结为主范畴 B_1 风险状态，描述的是事故发生前所呈现的一些现象和状态；A_{10} 火灾及爆炸、A_{11} 中毒及窒息、A_{12} 污染及破坏可以联结为 B_4 致灾方式，这些范畴展现了具体的致灾方式；而类似于 A_{27} 经济损失这样的范畴，因没有与其联结或类属关系的范畴，所以单独将其归为一个范畴——B_{10} 经济损失；涉及整个抢险救援过程中人、财、物的资源分配情况构建的统一范畴 B_{13} 资源配置则包括了 A_{32} 消防员、A_{33} 消防车、A_{34} 救护车、A_{35} 医护人员、A_{36} 其他抢险人员、A_{37} 其他救援资源。

表 4-6　主轴式编码的编码结果

编号	主范畴	范　畴
B_1	风险状态	A_1 物质状态；A_2 设施状态；A_3 工艺情况；A_4 作业空间
B_2	致灾行为	A_5 操作运行；A_6 管理方式
B_3	致灾过程	A_7 触发条件；A_8 加剧因素；A_9 演化过程
B_4	致灾方式	A_{10} 火灾及爆炸；A_{11} 中毒及窒息；A_{12} 污染及破坏
B_5	致灾物质	A_{13} 其他化学物质；A_{14} 炸药类；A_{15} 石油天然气类
B_6	自然环境	A_{16} 环境污染；A_{17} 环境破坏
B_7	建筑设施	A_{18} 承灾建筑；A_{19} 承灾设施
B_8	承灾主体	A_{20} 受灾主体；A_{21} 抗灾主体
B_9	人员伤亡	A_{22} 受伤人数；A_{23} 死亡人数；A_{24} 失踪人数；A_{25} 转移/撤离人数；A_{26} 中毒人数
B_{10}	经济损失	A_{27} 经济损失
B_{11}	应急主体	A_{28} 国家救援抢险单位；A_{29} 地方救援抢险单位
B_{12}	应急处置及救援	A_{30} 应急救援；A_{31} 应急处置
B_{13}	资源配置	A_{32} 消防员；A_{33} 消防车；A_{34} 救护车；A_{35} 医护人员；A_{36} 其他抢险人员；A_{37} 其他救援资源

4.3.2.3　选择式编码

选择式编码是在所有主范畴中进一步挖掘核心范畴，并在核心范畴与主范畴之间建立联系的过程。在扎根理论应用中，选择式编码首先需要明确资料阐明的故事线，然后对主范畴进行详细描述和细节填补，接着确定研究的核心范畴并对其进行系统化分析，最后建立核心范畴与其他范畴的关联及具体框架体系。[①]

通过对事故资料的分析，可以基本确定本研究的故事线：首先，事发前的风险状态和致灾行为及致灾过程是导致事故的一系列情景集合；其次，经济损失、人员伤亡和自然环境、建筑设施的破坏是事故的结果，也是承受灾害的人、财、物的情景集合；最后，资源配置、应急处置及救援等是事故发生后救灾抢险的情景集合。所以将本研究的核心范畴确定为致灾情景、承灾情景、救灾情景，危险化学品事故情景维度由致灾、承灾、救灾这三个维度构成，选择式编码的编码结果见表 4-7。

表 4-7　选择式编码的编码结果

编号	核心范畴	主范畴
C_1	致灾情景	B_1 风险状态；B_2 致灾行为；B_3 致灾过程；B_4 致灾方式；B_5 致灾物质
C_2	承灾情景	B_6 自然环境；B_7 建筑设施；B_8 承灾主体；B_9 人员伤亡；B_{10} 经济损失
C_3	救灾情景	B_{11} 应急主体；B_{12} 应急处置及救援；B_{13} 资源配置

4.3.2.4　饱和度检验

饱和度检验是对扎根后的最终结果进行检验，主要通过额外的更多的数据分析，得出是否还有已生成范畴之外的其他范畴出现，从而决定是否应该停止采样。通过扎根理论分析得出的危险化学品事故范畴需要进行饱和度检验。本研究利用 20 个案例进行饱和度检验，这些案例分别来自中央和地方应急管理部门以及中国化学品安全协会的网站，其中火灾爆炸类案例 11 个，中毒窒息类案例 7 个，环境污染类案例 2 个。通过对这 20 个案例进行编码和分析，没有发现新的范畴出现，也就是说，前文利用扎根理论得出的情景维度和情景要素已经达到饱和。饱和度检验示例"河北克尔化工有限公司'2·28'重大爆炸事故"见表 4-8。

---

① 姚春序，黄超，廖中举. 扎根理论视域下企业实验型文化维度构成 [J]. 科技进步与对策，2017，34 (19)：87-91.

表4-8　饱和度检验示例：河北克尔化工有限公司"2·28"重大爆炸事故

原始案例内容	概念化	范畴	主范畴	核心范畴
11-1-3：克尔公司从业人员不具备化工生产的专业技能，一车间擅自将导热油加热器出口温度设定高限由215℃提高至255℃，使反应釜内物料温度接近了硝酸胍的爆燃点（270℃）。	a_{29} 相关人员不具备专业知识/资质	A6管理方式	B2致灾行为	C1致灾情景
11-1-6：技术、生产、设备、安全分管负责人严重失职，对违规拆除反应釜温度计，擅自提高导热油温度等违规行为听之任之，不予以制止和纠正。	a_{27} 未进行及时有效的检修、监控、隐患排查/方式、标准不合格/公司监督、把关不严			
11-1-5：错误实行车间生产的计件制，造成超能力生产，严重违反工艺指标进行操作。	a_{21} 违规/章操作	A5操作运行		
11-1-14：生产组织不合理，一车间经常滞留夜班生产的硝酸胍。	a_2 物质残留	A1物质状态	B1风险状态	
11-1-15：未制定改造方案，未经相应的安全设计和论证，增设一台导热油加热器，改造了放料系统。	a_{13} 设施系统设计/安装违规	A3工艺情况		
11-2-1：克尔公司从业人员不具备化工生产的专业技能，一车间擅自将导热油加热器出口温度设定高限由215℃提高至255℃，使反应釜内物料温度接近了硝酸胍的爆燃点（270℃）。11-2-2：1号反应釜底部保温放料球阀的伴热导热油软管连接处发生泄漏着火后，当班人员处置不当，外部火源使反应釜底部温度升高，局部热量积聚，达到硝酸胍的爆燃点，造成釜内反应产物硝酸胍和未反应的硝酸铵急剧分解爆炸。	a_{68} 违规操作—超温超压—物质反应—爆炸/火灾	A9演化过程	B3致灾过程	
11-2-2：1号反应釜底部保温放料球阀的伴热导热油软管连接处发生泄漏。	a_{32} 物质泄漏/溢出/残留	A7触发条件		

原始案例内容	概念化	范畴	主范畴	核心范畴
11－3－1：造成 25 人死亡、4 人失踪、46 人受伤。	a_{145}死亡人数 10～50 人；a_{148}失踪人数 4 人；a_{140}受伤人数 30～50 人	A_{23}死亡人数；A_{24}失踪人数；A_{22}受伤人数	B_9人员伤亡	C_2承灾情景
11－3－2：直接经济损失 4459 万元。	a_{156}经济损失 1000 万～5000 万元	A_{27}经济损失	B_{10}经济损失	
11－4－2：调动安全监管、公安、武警、特警、消防、医疗救护、电力、商务、民政等各种救援人员 1000 余人次，动用各种特种机械及救援车辆 200 余台次。	a_{196}其他参与救火人员；a_{209}车辆设备	A_{36}其他抢险人员；A_{37}其他救援资源	B_{13}资源配置	C_3救灾情景
11－4－5：现场搜救工作结束后，现场应急救援指挥部研究制定了《厂区危险化学品处置方案》，对该公司尚存的 34 种共计 710 吨硝基胍、硝酸铵、硫酸等危险化学品以及二车间和十车间 29 釜约 17 吨未放料的液态硝基胍进行妥善处置。	a_{177}善后处置	A_{31}应急处置	B_{12}应急处置及救援	

4.3.3　情景要素生成

情景要素在描述突发事件状态中是不可缺少的，它能够清晰呈现突发事件的发展过程及其状态，从而为突发事件应急决策提供强有力的支持。通过扎根理论在危险化学品事故情景分析中的应用，可以有效地对情报资源进行逐级提炼，形成将突发事件的情景要素串联起来，详细描述具体类型突发事件的故事线，为应急决策者提供更全面、更客观地了解和认识突发事件中各个关联要素的资源基础。在危险化学品事故的情景分析中，最终得出致灾情景、承灾情景、救灾情景这三个情景维度，而每一个维度都由具体的情景要素构成。利用扎根理论得到的危险化学品事故的情景要素理论框架如图 4－3 所示。

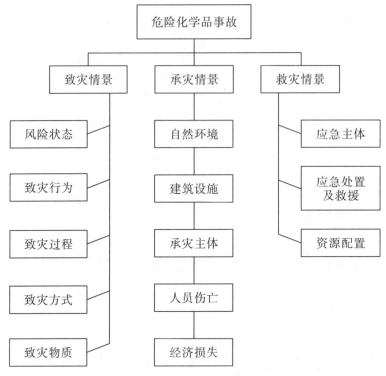

图4-3　危险化学品事故的情景要素理论框架

4.3.3.1　致灾情景要素

　　危险化学品事故的致灾情景描述的是事故发生的背景以及事故发生的过程，主要包括风险状态、致灾行为、致灾过程、致灾方式、致灾物质等情景要素。这些情景要素又可以继续分解为更为细化的二级情景要素，既包括炸药、石油、天然气等致灾物质，以及火灾、爆炸、中毒、污染等致灾方式，也包括物质状态、设施状态、工艺情况、作业空间等风险状态和操作运行、管理方式等致灾行为。致灾情景包含了事故发生前和发生过程的情景要素集合，通过分析致灾情景，发现其共同的致灾要素，对于事故的防范和救援是非常重要的。因此，致灾情景要素的提取能为突发事件应急管理过程中的预防、准备两个阶段提供重要的基础性支撑。

　　从危险化学品事故的大量经典案例分析中可以发现，事故发生前的物质状态、设施状态和工艺情况是导致危险化学品事故的主要因素。石油、天然气、炸药等是导致危险化学品事故的主要致灾物质，其中二氯氟苯、天然气、熔盐、硝酸钡、二硫化碳、氰化氢、丙烯酸甲酯、甲基丙烯酸甲酯、丙烷、甲烷等化学危险品是致灾情景中的主要致灾物质，对这些致灾物质的风险状态必须加以实时监控。在中毒窒息类案件中，作业空间因素对于事故发生后的影响表现得尤为明显，主要是操作人员进入有毒物质区域可能会受到伤害，而这些区域一般为封闭空间或受限空间。设施状态多表现为设施老化，以及设施设计与用途不符等。工艺情况主要表现为工艺设计不合理、存在缺陷等。另外，还有一些事故分析表明，没有配备安全防护设备和装置使得在事故发生后无法及时有效地进行应急处置，导致了灾害的扩大。

危险化学品事故经常产生爆炸、火灾、窒息、中毒、污染、破坏的致灾方式，其中产生爆炸、火灾的危险化学品事故最多，而一些事故发生后产生的有毒有害化学物质会造成一定程度的环境破坏，表现为对大气环境、水环境的污染。危险化学品事故的发生过程往往是风险状态被触发并夹杂着其他加剧因素，最终形成事故的演化过程。通过案例分析可以发现，危险化学品事故的触发条件主要是物质泄漏/溢出和遭遇火花/静电这两类。一些性质不稳定的化学物质和易燃易爆的化学物质在泄漏或遭遇火花以后，很容易引发爆炸及火灾，因而在危险化学品的加工和存放过程中对于火源的防范以及设施的密封性提出了更高的要求。此外，违规/章操作是主要的致灾行为，大部分事故的致灾要素当中都包含了违规/章操作，许多事发单位都存在不同程度的安全管理不到位问题。安全生产管理混乱及安全生产责任不落实容易引发违规操作、设施安装违规、安全防护设施不到位等问题。

4.3.3.2　承灾情景要素

危险化学品事故的承灾情景主要描述危险化学品事故发生后的灾害结果，包含了对环境的污染和破坏，对设施和建筑物的破坏，对受灾主体和抗灾主体的伤害等情景要素，直接表现为事故导致的人员伤亡和经济损失。承灾情景要素是关于灾害结果的要素集合，包含了受灾的人、财、物等具体内容。

危险化学品事故这种类型的突发事件主要会对自然环境造成污染和破坏。其中，环境污染主要有水环境污染、大气环境污染和土壤环境污染三种情况，而水环境污染情况要远比大气环境污染和土壤环境污染多发且破坏程度更高；环境破坏主要指对动物、植物以及整个周边生态系统造成的破坏，这种破坏力量多来自氯气、氨气等有毒化学物质。

危险化学品事故承灾情景要素中的建筑设施破坏主要指事故发生现场和周边的建筑设施被破坏，在一些特殊情况下还指公路以及桥梁、隧道等建筑设施被破坏。

危险化学品事故承灾情景要素中的承灾主体既包含受灾主体，也包含抗灾主体。受灾主体主要是现场人员以及周边单位及社区人员等，而抗灾主体在一定程度上也是承灾主体的一部分。例如，在火灾爆炸事故中，消防员在救援的过程中是主要的抗灾主体，但同时灾害也会对他们造成一定的伤害，所以他们也是承灾主体。统计这些承灾主体的人员伤亡情况，需要考虑受伤人数、死亡人数、转移/撤离人数、失踪人数等。

最后是经济损失要素。由于间接经济损失的统计有一定的难度，鉴于案例本身的情况，只能考虑事故造成的直接经济损失。不同事件之间经济损失的差距还是比较大的，小的损失可能只有几万元，但是类似于天津港"8·12"瑞海公司危险品仓库特别重大火灾爆炸事故这样的危险化学品事故，损失则可能高达几亿元。

4.3.3.3 救灾情景要素

危险化学品事故的救灾情景主要描述危险化学品事故发生后的应急救援情况。通过对资料的分析，我们发现危险化学品事故的救灾情景要素主要包括应急主体、应急处置及救援、资源配置等。救灾情景要素的分析能为日后相关突发事件的应急救援提供借鉴和指引。

危险化学品事故的应急主体要素就是参与救援的部门及救援力量，在突发事件应急管理中，往往由一些具体管理部门进行救援部署和救援指挥，尤其是安全监管部门、消防部门、公共卫生部门等。此外，在案例中可以看到，一些特大和重大事故还需要其他救援力量的参与，比如心理专家以及社区人员。而对于危险化学品事故来说，危险化学品处置的专业人员是救援的重要力量。

危险化学品事故发生后，需要进行快速的应急处置及救援，包括人员搜救、伤员救治、抢险处置、善后处置、交通保障、社会秩序维护、市政设施维护、隐患排查、新闻宣传、环境监测、群众疏散等诸多情景要素。例如，抢险处置是几乎所有的危险化学品事故中都要进行的，通过灭火、致灾物质隔离和控制等方式加以保障；新闻宣传和社会秩序维护是为了有效应对民众恐慌心理，事实也证明，危险化学品事故发生后，积极、及时的舆论引导可以避免社会恐慌和民众的一些不理智行为，同时也能为救援赢得更多的社会帮助。

危险化学品事故的资源配置要素应该考虑两个方面：一方面，要根据特定区域危险化学品事故发生的频率、种类、强度等，实现应急资源供给与突发事件资源需求上的有效匹配；另一方面，要在快速响应危险化学品事故阶段，根据危险化学品事故的现场变化，利用应急体系对急需资源实行有效的二次配置，例如在事故救援中，一些特殊情况下需要使用无人机、搜救犬和生命探测仪等。

第5章 情景相似度检验的情报感知实现

突发事件应急决策的情报感知实现既依赖于整个突发事件进程中的各个情景及提取的情景要素，又需要通过一定的方法对当前具体事件与历史事件的情景相似度加以检验，从而快速匹配、选择与当前突发事件情景最相近的以往情景，并据此来制定应急决策方案，有效处置具体突发事件。本章首先讨论了突发事件情报资源的知识表示，以及在知识表示基础上形成具体案例的文本表达，然后以危险化学品事故的情景要素为素材，利用相似度匹配法对不同类型突发事件进行相似度检验，呈现突发事件应急决策的情报感知实现过程。

5.1 突发事件情报资源的知识表示

5.1.1 框架表示法

典型案例资源的知识表示是突发事件应急决策中情报感知的基础，是一切突发事件应急管理工作的重要依据，所以要实现突发事件情报的有效感知，首先要构建一个全面、系统的案例库。而突发事件案例往往是以案例文本及新闻报道的形式呈现，各种资料不尽全面，因而必须对散见于各处的相关案例文档进行搜集整理和组织，对案例进行形式化的描述和知识表示，形成计算机系统可识别的文本，以实现案例资源的有效调用和进行后续的相似度检验。

知识表示是为描述世界所做的一组约定，是知识的符号化、形式化或模型化。各种不同的知识表示方法是各种不同的形式化的知识模型。[1] 不同的知识表示方法会有不同的知识表达效果。常见的知识表示方法有状态空间表示法、谓词逻辑表示法、产生式表示法、语义网络表示法、本体表示法、面向对象表示法、框架表示法等。在本部分中，主要采用框架表示法对突发事件的具体知识内容进行描述。

---

① 徐宝祥，叶培华. 知识表示的方法研究 [J]. 情报科学，2007，25 (5)：690—694.

1975 年，美国著名科学家、"人工智能之父"马文·明斯基在其出版的《表示知识的框架》（*A Framework for Representating Knowledge*）中提出了框架理论。该理论认为，人们在遇到一个新事物时常使用从过去经验中积累起来的知识，由于过去的经验是由多个具体事例、事件组成的，人们无法记住所有细节，所以对于各种事物的认识都以一种类似于框架的结构形式予以存储。[①] 随后，框架理论逐渐发展成为一种知识表示方法——框架表示法。当人们面对一个新事物时，会从记忆中找出合适的框架，并根据实际情况对其细节加以修改、补充，从而形成对当前事物的认识。框架表示法中有框架名、槽名和侧面名，框架名是需要表示内容的名称，槽名表示框架各方面具体内容，侧面名则表示槽的内容属性。框架是一种层次式的数据结构，一般形式如下[②]：

<框架名 >

（1）槽名 1

侧面名 11   值 111，值 112，…

       ⋮

侧面名 $1i$ 值 $1i1$，值 $1i2$，…

（2）槽名 2

侧面名 21   值 211，值 212，…

       ⋮

侧面名 $2j$ 值 $2j1$，值 $2j2$，…

（3）槽名 p

侧面名 $p1$ 值 $p11$，值 $p12$，…

       ⋮

侧面名 pk 值 $pk1$，值 $pk2$，…

（4）约束

约束条件 1

       ⋮

约束条件 n

. ① 马创新. 论知识表示 [J]. 现代情报，2014，34（3）：21—24，28.

② 张文领，姜韶华. 基于框架表示法的工程项目案例知识表示研究 [J]. 建筑管理现代化，2009，23（6）：547—550.

5.1.2　危险化学品事故的框架表示

本部分以危险化学品事故为例进行框架表示，主要包括时间、地点、人物、事故进展、社会反应、事故影响等信息。为了更好地表达危险化学品事故各要素内部的结构关系，尽量避免对事故描述文本的连续性内容进行过度分割，笔者结合框架表示法的一般形式和沙勇忠提出的公共危机事件的框架表示形式[①]，形成了危险化学品事故知识表示的框架形式，具体如下：

框架名：案例名称

槽 1. 案例概述

　　侧面 1. 编号

　　侧面 2. 标题

　　侧面 3. 发生时间

　　侧面 4. 结束时间

　　侧面 5. 经济损失

　　侧面 6. 死亡人数

　　侧面 7. 受伤人数

　　侧面 8. 事故地点

　　侧面 9. 事故类型

　　侧面 10. 致灾物质

槽 2. 案例描述

　　侧面 1. 事故背景

　　侧面 2. 事故过程

　　侧面 3. 事故原因

　　侧面 4. 事故后果

槽 3. 各方反应

　　侧面 1. 政府部门

　　侧面 2. 消防部门

　　侧面 3. 公安部门

　　侧面 4. 其他部门

槽 4. 相关资料

　　侧面 1. 图片资料

---

①　沙勇忠. 公共危机信息管理［M］. 北京：中国社会科学出版社，2014：395－396.

侧面 2. 视频资料

表 5-1 是将知识表示框架形式应用到了一个具体案例中，选取的案例是晋济高速公路山西晋城段岩后隧道"3·1"特别重大道路交通危化品燃爆事故。

表 5-1 具体案例的框架表示

框架名	晋济高速公路山西晋城段岩后隧道"3·1"特别重大道路交通危化品燃爆事故		
	案例概述		
槽1	侧面 1	编号	JTYS-001
	侧面 2	标题	晋济高速公路山西晋城段岩后隧道"3·1"特别重大道路交通危化品燃爆事故
	侧面 3	发生时间	2014 年 3 月 1 日 14 时 45 分许
	侧面 4	结束时间	2014 年 3 月 3 日 18 时
	侧面 5	经济损失	8197 万元
	侧面 6	死亡人数	40 人
	侧面 7	受伤人数	12 人
	侧面 8	事故地点	晋济高速公路山西晋城段岩后隧道内
	侧面 9	事故类型	交通运输类危化品燃爆事件
	侧面 10	致灾物质	甲醇、二甲醚

			案例描述
槽 2	侧面 1	事故背景	2 月 28 日 17 时 50 分，晋济高速公路全线因降雪相继封闭；3 月 1 日 7 时 10 分，解除交通管制措施。3 月 1 日 11 时起，事故路段车流量逐渐增加；事发时岩后隧道右侧车道车辆排队等候，左侧车道车辆行驶缓慢。
	侧面 2	事故过程	3 月 1 日 14 时 43 分许，由汤天才驾驶、汤国强押运的豫 H C2923/豫 H 085J 挂铰接列车，装载 29.66 吨甲醇在沿晋济高速公路由北向南行驶至岩后隧道右洞入口以北约 100 米处时从右侧车道变道至左侧车道进入岩后隧道，行驶了 40 余米后，停在皖 B TZ110 号轻型厢式货车后。14 时 45 分许，由李建云驾驶、牛冲押运的晋 E 23504/晋 E 2932 挂铰接列车，装载 29.14 吨甲醇在沿晋济高速公路由北向南行驶至岩后隧道右洞入口以北约 100 米处时从右侧车道变道至左侧车道。驶入岩后隧道后，突然发现前方五六米处停有前车。李建云虽采取紧急制动措施，但仍与前车追尾。两车追尾碰撞后，前车押运员冯国强从右侧车门下车，发现甲醇泄漏，地面泄漏的甲醇起火燃烧。甲醇形成的流淌火迅速引燃了两辆事故车辆（后车罐体没有泄漏燃烧）和附近的 4 辆运煤车、货车及面包车。由于事发时受气象和地势影响，隧道内气流由北向南，且隧道南高北低，高差达 17.3 米，形成"烟囱效应"，甲醇和车辆燃烧产生的高温有毒烟气迅速向隧道内南出口蔓延。当时隧道内共有 87 人，部分人员在发现烟、火后驾车或弃车逃生，48 人成功逃出（其中 1 人因伤势过重经抢救无效死亡）。17 时 5 分许，距离南出口约 100 米的 1 辆装载二甲醚的鲁 R H0900/鲁 R C877 挂铰接列车罐体受热超压爆炸解体。
	侧面 3	事故原因	触发原因：晋 E 23504/晋 E 2932 挂铰接列车在进入隧道后，驾驶员未及时发现停在前方的豫 H C2932/豫 H 085J 挂铰接列车，距前车仅五六米时才采取制动措施；晋 E 23504 牵引车准牵引总质量（37.6 吨），小于晋 E 2932 挂罐式半挂车的整备质量与运输甲醇质量之和（38.34 吨），存在超载行为，影响刹车制动。
			加剧原因：追尾造成豫 H 085J 挂半挂车的罐体下方主卸料管与罐体焊缝处撕裂，该罐体未按标准规定安装紧急切断阀，造成甲醇泄漏；晋 E 23504 牵引车发动机舱内高压油泵向后位移，启动机正极多股铜芯线绝缘层破损，导线与输油泵输油管管头空心螺栓发生电气短路，引燃该导线绝缘层及周围可燃物，进而引燃泄漏的甲醇。
	侧面 4	事故后果	造成 40 人死亡、12 人受伤和 42 辆车烧毁，直接经济损失 8197 万元。

		各方反应	
槽3	侧面1	政府部门	做出事故处理批示
	侧面2	消防部门	灭火、毒气检测
	侧面3	公安部门	现场救援、应急保障
	侧面4	其他部门	疏导车辆、现场警戒、交通管制
槽4		相关资料	
	侧面1	图片资料	
	侧面2	视频资料	略

5.2 情景相似度的检验方法

知识表示方法能够对突发事件的具体内容进行有效的结构化分解。为了更好地展现本研究中情报感知的实现情况，我们对知识表示中的文本进行处理，采用文本分词和特征词抽取方法，形成与已构建的情景要素进行相似度检验所需要的特征词，并基于知网进行相似度检验，呈现突发事件应急决策的情报感知实现过程。

5.2.1 文本分词

一般来说，文本分词就是将一个连续汉字序列按照一定的规则分解为一系列单独的词的过程。由于中文的文本中词与词之间没有明显的间隔标记，以及中文的歧义性和各种新词的涌现，中文分词较其他语言分词更为困难。中文文本的分词方法有基于词典的分词方法、基于理解的分词方法、基于统计的分词方法等，这些分词方法各有特点。

基于词典的分词方法也称为字符串匹配法或机械分词方法，它主要借助一个包含词语数量足够大的词典来测度待分析字符串与词典内含词的匹配程度，二者匹配，将该词提出作为分词。① 基于词典的分词方法对词典的依赖性很强，但目前网络用语更新很快，可能会漏掉一些网络词汇，这在一定程度上影响了其有效应用。

基于理解的分词方法通过人工对句子的语法进行定义，当计算机接收到一个句子时，以标点符号为分隔符，首先判断它属于哪种类型的句子，模拟人对句子的理解，达到识别词的效果。由于汉语语言的笼统性、复杂性，所以难以将各种语言信息组织成机器可直接读取的形式。②

基于统计的分词方法认为词是稳定的字的组合，因此在上下文中，相邻的字同时出现的次数越多，就越有可能构成一个词，因此字与字相邻共现的频率或概率能够较好地反映成词的可信度。基于上述认识，可以对语料中相邻共现的各个字的组合频率进行统计，当多个字的紧密程度高于某一个阈值时，便可认为此字组可能构成了一个词。但这种方法也有一定的局限性，会经常抽取出一些出现频率高但并不是词的常用字组，例如"这一""之一""有的""许多的"等。③

本部分通过对现有分词系统进行筛选，最终选择采用中科院的 NLPIR 汉语分词系统来进行文本分词。NLPIR 汉语分词系统是一套专门针对原始文本集进行处理和加工的软件，主要功能包括中文分词、英文分词、词性标注、命名实体识别、新词识别、关键词提取、支持用户专业词典与微博分析等。下面是采用 NLPIR 汉语分词系统进行分词的一个示例。

东营市山东滨源化学有限公司"8·31"重大爆炸事故分词结果

2015 年/t8 月/t31 日/t23 时/t18 分/t, /wd 山东/ns 滨源/nr2 化学/n 有限公司/n (/wkz 以下/f 简称/v "/wyz 滨源/nr2 公司/n"/wyy)/wky 新建/v 年产/v2 万/m 吨/q 改/v 性/n 型/k 胶/n 粘/v 新/a 材料/n 联/vg 产/v 项目/n 二/m 胺/n 车间/n 混/v 二/m 硝/n 基/ng 苯/n 装置/n 在/p 投/v 料/n 试车/vi 过程/n 中/f 发生/v 重大/a 爆炸/vn 事故/n, /wd 2015 年/t8 月/t28 日/t, /wd 经滨源/nr 公司/n 董事长/n 兼/v 总经理/n 李培祥/nr 批准/v, /wd 硝化/v 装置/n 投/v 料/n 试车/vi。/wj28 日/t15 时/t 至/p29 日/t24 时/t, /wd 先后/d 两/m 次/qv 投/v 料/n 试车/vi, /wd 均/d 因/p 硝化/v 机/ng 控/v 温/nr1 系统/n 不/d 好/a、/wn 冷却水/n 控制/v 不/d 稳定/an 以及/cc 物料/n 管道/n 阀门/n 控制/v 不好/a, /wd 造

---

① 董坚峰. 面向公共危机预警的网络舆情分析研究 [D]. 武汉：武汉大学，2013.

② 沙勇忠. 公共危机信息管理 [M]. 北京：中国社会科学出版社，2014：425.

③ 许君宁. 基于知网语义相似度的中文文本聚类方法研究 [D]. 西安：西安电子科技大学，2010.

成/v 温度/n 波动/vn 大/a，/wd 运行/vi 不/d 稳定/v 停车/vi。/wj 8 月/t31 日/t16 时/t38 分/t 左右/f，/wd 企业/n 组织/v 第三/m 次/qv 投/v 料/n。/wj 投/v 料/n 后/f，/wd4/m ♯/w 硝化/v 机/ng 从/p21 时/t27 分/t 至/p22 时/t25 分/t 温度/n 波动/vn 较/d 大/a，/wd 最高/a 达到/v96/m℃/q（/wkz 正常/a 温度/n60－70/m℃/q）/wky；/wf5/m♯/w 硝化/v 机/ng 从/p16 时/t47 分/t 至/p22 时/t25 分/t 温度/n 波动/vn 较/d 大/a，/wd 最高/a 达到/v94.99/m℃/q（/wkz 正常/a 温度/n60－80/m℃/q）/wky。/wj 车间/n 人员/n 用/p 工业/n 水/n 分别/d 对/p4/m♯/w、/wn5/m♯/w 硝化/v 机上/s 部/n 外壳/n 浇水/vi 降温/vi，/wd 中控室/n 调/v 大/a 了/ule 循环/vn 冷却水/n 量/n。/wj 期间/f，/wd 硝化/v 装置/n 二/m 层/qv 硝烟/n 较/d 大/a，/wd 在/p 试车/vi 指导/v 专家/n 建议/n 下/f 再次/d 进行/vx 了/ule 停车/vi 处理/v，/wd 并/cc 决定/v 当晚/t 不/d 再/d 开/v 车/n。/wj22 时/t24 分/t 停止/v 投/v 料/n，/wd 至/p22 时/t52 分/t，/wd 硝化/v 机/ng 温度/n 趋于/v 平稳/a。/wj

5.2.2 特征词抽取

由于文本词量巨大，不可能采用所有的词与已构建的情景要素进行相似度计算和匹配，所以要选取文本中的主要特征词。特征词应具备以下特性：能够识别文本的内容；能够区别目标文本和其他文本；特征项数量适当，不能太多；特征项分离比较容易。

研究主要通过 TF-IDF（Term Frequency-Inverse Document Frequency）算法完成特征词的抽取。TF-IDF 作为一种数据挖掘常用加权算法，用以评估一个词对于一个文件集或一个语料库中某一份文件的重要程度。TF-IDF 算法依据以下基本假设：在一个文本中出现很多次的词，在另一个同类文本中出现的次数也会比较多，反之亦然，所以，以 TF 特征项作为测度，就可以体现同类文本的特点。另外，TF-IDF 算法认为在一个文本中一个词出现的频率越低，它区别不同类别文本的能力就越强，所以引入了逆文本频度 IDF 的概念，以 TF 和 IDF 的乘积作为特征空间坐标系测度值。

利用 TF-IDF 算法来计算每个词的权重，TF（Term Frequency）称为项的频率，用于计算该特征项描述该文本的能力；IDF（Inverse Document Frequency）称为逆向文档频率，用于计算该特征项区分文本的能力。TF-IDF 算法的一般计算公式如下：

$$f_T(T_{iK}) = V_{TFiK} \lg\left(\frac{N}{N_K} + 0.5\right)$$

式中，$f_T(T_{iK})$ 表示特征词 T_{iK} 的权重；V_{TFiK} 表示 K 在文档 d_i 中出现的频

率；N 表示文档总数；N_K 表示包含 T_{iK} 的文档数。利用 TF-IDF 算法来计算特征词的权重，当一个词在这个文档中出现的频率越高，同时其在其他文档中出现的次数越少，就表明该特征词表示当前文本的区分能力越强，所以其权重也会越大。[①]

5.2.3　文本相似度计算方法

完成文本分词和特征词抽取之后，就可以利用特征词与已构建的情景要素进行相似度检验。通常使用 $s(x,y)$ 来表示样本 x,y 之间的相似度。当 $s(x,y)$ 的值比较小时，x 和 y 的相似度较低；当 $s(x,y)$ 的值比较大时，x 和 y 的相似度较高。但对于大多数检验算法来说，相似度度量被标准化为 $0 \leqslant s(x,y) \leqslant 1$。[②]

研究基于知网（HowNet）对特征词与情景要素之间的相似度进行检验。知网主要用来揭示概念与概念之间以及概念所具有的属性之间的关系。因此，对于案例中的特征词与情景要素的相似度检验，可以通过知网加以实现。知网对词语之间的相似度是这样定义的：对于两个汉语词语 W_1 和 W_2，如果 W_1 有 n 个义项（概念）：$S_{11}, S_{12}, \cdots, S_{1n}$，$W_2$ 有 m 个义项（概念）：$S_{21}, S_{22}, \cdots, S_{2m}$，我们规定 W_1 和 W_2 之间的相似度是各个概念之间的最大值，即：

$$\mathrm{sim}(W_1, W_2) = \max_{i=1,2,\cdots,n; j=1,2,\cdots,m} \mathrm{sim}(S_{1i}, S_{2j}) \text{[③]}$$

这样就把两个词语之间的相似度问题归结为两个概念之间的相似度问题。具体算法如下：

假设有两个文本 D_i 和 D_j，则：

$$D_i = \{W_{i1}, W_{i2}, \cdots, W_{im}\}$$
$$D_j = \{W_{j1}, W_{j2}, \cdots, W_{jn}\}$$

$$\mathrm{sim}(D_i, D_j) = \frac{1}{mn} \sum_{p=1}^{m} \sum_{q=1}^{n} \mathrm{sim}(W_{ip}, W_{jq})$$

式中，$D_i = \{W_{i1}, W_{i2}, \cdots, W_{im}\}$ 和 $D_j = \{W_{j1}, W_{j2}, \cdots, W_{jn}\}$ 分别表示文本 D_i 和文本 D_j 的语义特征词集合，$\mathrm{sim}(D_i, D_j)$ 表示文本 D_i 和文本 D_j 的相似度；$\mathrm{sim}(W_{ip}, W_{jq})$ 表示特征词 W_{ip} 和特征词 W_{jq} 基于知网概念的相似度。

---

①　沙勇忠. 公共危机信息管理 ［M］. 北京：中国社会科学出版社，2014：426－427.
②　沙勇忠. 公共危机信息管理 ［M］. 北京：中国社会科学出版社，2014：429.
③　许君宁. 基于知网语义相似度的中文文本聚类方法研究 ［D］. 西安：西安电子科技大学，2010.

5.3 情景相似度检验实例

为了验证上述情景相似度检验方法的可行性，呈现突发事件应急决策的情报感知实现过程，本书将前期通过扎根理论开放式编码得出的核心概念设定为文本集 D_0，在具体实践中只抽取事故发生的背景、原因及事故致灾行为、致灾主体和灾害方式等情景要素核心词作为比较对象。经过筛选和处理得到以下12 个词作为相似度检验的核心词：物质、设施、工艺、空间、操作、管理、爆炸、中毒、污染、化学、炸药、石油。

为了对具体突发事件与已构建的情景要素进行相似度检验，从而实现情报感知，本研究首先选取 10 个空难类事故案例构成空难文档库，10 个食品安全类事故案例构成食品安全文档库，10 个危险化学品类事故案例构成危险化学品文档库。上述的 30 个案例来自中华人民共和国应急管理部网站和安全管理网。接着，分别从上述三个文档库中抽选出两组案例加以检验：第一组为西北航空公司 Ty-154M 型 B2610 号飞机空难事故和东营市山东滨源化学有限公司"8·31"重大爆炸事故；第二组为 2011 年双汇"瘦肉精"事件和山东保利民爆济南科技有限公司"5·20"特别重大爆炸事故。

在具体的情景相似度检验中，共有三个步骤：第一步是对案例文本进行分词；第二步是根据分词结果，利用 TF-IDF 算法抽取出文本特征词，并选取排序中的前 12 个词作为特征词；第三步是对特征词集与已构建的情景要素的核心词集进行相似度计算，根据检验结果得出相关结论。

5.3.1 第一组情景相似度检验

第一组情景相似度检验随机抽取的案例分别为西北航空公司 Ty-154M 型 B2610 号飞机空难事故和东营市山东滨源化学有限公司"8·31"重大爆炸事故。下面分别为两个案例文本的分词结果。

西北航空公司 Ty-154M 型 B2610 号飞机空难事故分词结果

飞机/n/19 08 时/t/8 6 月/t/6 起飞/vi/6 保持/v/56 日/t/4 检查/v/4 解体/vi/4 公里/q/4 机组/n/4 报告/n/4 地面/n/4 小时/n/3 咸阳/ns/3 西安/ns/3 速度/n/3 飞行员/n/3 飞行/vn/3 过载/vn/3 坡度/n/3 机场/n/3 空中/s/316 分/t/2 驾驶/v/222 分/t/2 进行/vx/2 西北/s/2 航空/n/224 秒/t/2 公司/n/2 出现/v/2 超过/v/2 高度/d/2 执行/v/2 下降/vi/2 侧向/vn/2 航向/n/2 广州/ns/2 人员/n/2 更换/v/2 航班/n/2 任务/n/213 分/t/2 警告/v/2 插头/n/2 导

致/v/24 日/t/2 坠毁/v/2 从而/c/2 产生/v/2 角速度/n/2 加大/v/2 断开/v/2 短时/a/1 接通/v/1 自动/d/1 方法/n/1 不能/v/1 稳住/v/1 轨迹/n/1 不规则/a/1 转弯/vn/127 秒/t/1 突然/ad/1 俯仰/vi/1 处理/vn/1 倾斜角/n/1 达到/v/1 超速/vd/1 气压/n/123 分/t/1 西安市/ns/1 长安县/ns/1 刚强/a/11.4g/n/142 秒/t/1 开始/v/1 方位/n/1 原因/n/1 滑行/vi/1 维修/vn/1 检查/vn/1 该机/r/1 安装/v/1 发生/v/11994 年/t/1 额定/b/1 稳定性/n/1 失去/v/1 控制/v/1 造成/v/1 马力/n/1 飞行/vi/1 决定/v/1 减震/vi/1 交换/v/1 平台/n/1 由于/c/1 操作/v/1 通电/vi/1 试验/v/1 上升/vi/1 维修/v/1 来回/vd/1 故障/n/1 滑跑/v/158 秒/t/117 分/t/106 秒/t/1 对应/vi/1 副翼/n/1 偏转/vn/1 只是/c/1 由于/p/1 限制/vn/1 感到/v/1 倾斜/vi/1 摆动/v/1 很快/d/1 形成/v/1 明显/ad/1 提示/v/1 采取/v/1 实际上/d/1 继续/v/1 运动/ц/1 明显/a/1 发散/vn/1 趋势/n/1 状态/n/1 极端/d/1 困难/an/1 终于/d/1 急剧/d/1 过程/n/1 强度/n/1 极限/n/1 情况/n/1

东营市山东滨源化学有限公司"8·31"重大爆炸事故分词结果

硝化/v/17 装置/n/8 人员/n/7 温度/n/7 苯/n/6 分离器/n/6 物料/n/5 试车/vi/4 操作/vn/4 车间/n/4 滨源/nr2/3 地面/n/3 公司/n/3 管道/n/3 波动/vn/3 发生/v/3 爆炸/vn/3 最高/a/2 过程/n/2 正常/a/2 造成/v/2 事故/n/2 阀门/n/2 以及/cc/2 控制/v/2 冷却水/n/2 法兰/nrf/2 停车/vi/2 拆开/v/2 东北/s/2 火焰/n/2 达到/v/2 时间/n/2 含有/v/2 硝酸/n/2 存在/v/2 安全/an/2 生产/vn/2 先后/d/1 系统/n/1 稳定/an/2 不好/a/1 运行/vi/1 左右/f/1 企业/n/1 组织/v/1 第三/m/1 工业/n/1 水/n/1 分别/d/1 外壳/n/1 浇水/vi/1 降温/vi/1 中控室/n/1 循环/vn/1 期间/f/1 硝烟/n/1 指导/v/1 专家/n/1 建议/n/1 再次/d/1 进行/vx/1 处理/v/1 决定/v/1 当晚/t/1 停止/v/1 趋于/v/1 平稳/a/1 防止/v/1 凝固/vi/1 插入/v/1 上部/f/1 观察/v/1 试图/v/1 利用/v/1 虹吸/b/1 方式/n/1 山东/ns/1 化学/n/1 成功/a/1 之后/f/1 有限公司/n/1 以下/f/1 下部/f/1 简称/v/1 新建/v/1 年产/v/1 位置/n/1 距离/n/1 此后/t/1 打开/v/1 位于/v/1 继而/c/1 变红/nr/1 棕红/b/1 情形/n/1 部分/m/1 撤离/v/1 现场/s/1 分钟/qt/1 厂房/n/1 材料/n/1 门外/s/1 看到/v/1 中间/f/1 部位/n/1 出现/v/1 直径/n/1 左右/m/1 项目/n/1 随即/d/1 胺/n/1 一起/s/1 方向/n/1 重大/a/1 北京/ns/1 负责人/n/1 违章/vd/1 指挥/v/1 安排/v/1 违规/v/1 排放/v/1 董事长/n/1 硫酸/n/1 分解/v/1 氧化/vn/1 氮/n/1 总经理/n/1 氧化剂/n/1 李培祥/nr/1 条件/n/1 高处/s/1 水泥/n/1 冲击力/n/1 作用/n/1 起火/vi/1 燃烧/v/1 附近/f/1 设备/n/1 升高/v/1 引发/v/1 本次/r/1 直接/a/1 原因/n/1 法制/n/1 观念/n/1 批准/v/1 意识/n/1 淡漠/an/1 无视/v/1 国家/n/1 法律/n/1 主体/n/1 责任/n/1 落实/v/1 建设/vn/1 严重/a/1 违法/vn/1 违规/vn/1 行为/n/1 地方/n/1 政府/n/1 有关/vn/1 部门/n/1 监管/vn/1 到位/vi/

　　利用 TF-IDF 算法及这两个案例的文档库，对西北航空公司 Ty-154M 型 B2610 号飞机空难事故和东营市山东滨源化学有限公司"8·31"重大爆炸事故的分词结果进行权重计算，重要特征词见表5-2和表5-3。将两个案例中权重最大的前12个具有实义的名词及动名词作为特征词，其特征词集为D_1和D_2。

$D_1 = \{$飞机，小时，插头，报告，速度，地面，航向，飞行员，坡度，人员，气压，马力$\}$

$D_2 = \{$苯，温度，装置，波动，车间，火焰，硝酸，人员，地面，阀门，操作，硫酸$\}$

表5-2 西北航空公司Ty-154M型B2610号飞机空难事故的特征词集

特征词	V（频率）	$\lg(N/N_K+0.5)$	$\lg(N/N_K+0.5)\times V$
飞机	0.10106383	0.176091259	0.017796457
小时	0.015957447	0.740362689	0.011814298
插头	0.010638298	1.021189299	0.010863716
报告	0.021276596	0.477121255	0.010151516
速度	0.015957447	0.583576586	0.009312392
地面	0.021276596	0.397940009	0.008466809
航向	0.010638298	0.740362689	0.007876199
飞行员	0.015957447	0.477121255	0.007613637
坡度	0.015957447	0.477121255	0.007613637
人员	0.010638298	0.583576586	0.006208262
气压	0.005319149	1.021189299	0.005431858
马力	0.005319149	1.021189299	0.005431858

表5-3 东营市山东滨源化学有限公司"8·31"重大爆炸事故的特征词集

特征词	V（频率）	$\lg(N/N_K+0.5)$	$\lg(N/N_K+0.5)\times V$
苯	0.022900763	0.583576586	0.013364349
温度	0.026717557	0.477121255	0.012747514
装置	0.030534351	0.397940009	0.012150840
波动	0.011450382	1.021189299	0.011693007
车间	0.015267176	0.397940009	0.006075420
火焰	0.007633588	0.740362689	0.005651624
硝酸	0.007633588	0.740362689	0.005651624
人员	0.026717557	0.207125493	0.005533887

特征词	V（频率）	$\lg(N/N_K+0.5)$	$\lg(N/N_K+0.5)\times V$
地面	0.011450382	0.477121255	0.005463220
阀门	0.007633588	0.583576586	0.004454783
操作	0.015267176	0.285235728	0.004354744
硫酸	0.003816794	1.021189299	0.003897669

将 D_1，D_2 分别与已构建的危险化学品事故情景要素的核心词集 D_0 进行相似度计算，得出表 5-4 和表 5-5。

基于知网的相似度计算结果为：

$$\text{sim}(D_1,D_0)=0.107103444$$

$$\text{sim}(D_2,D_0)=0.143234458$$

相似度检验结果表明，东营市山东滨源化学有限公司"8·31"重大爆炸事故的特征词与本研究中构建的危险化学品事故情景要素的核心词具有较高的相似度，而西北航空公司 Ty-154M 型 B2610 号飞机空难事故的特征词与危险化学品事故情景要素核心词的相似度较低。两个随机案例的情景相似度检验结果说明，之前基于大量危险化学品事故，通过扎根理论构建的事故情景，对于危险化学品类事故案例的相似度匹配是有效的，即可以通过情景相似度计算来实现该类型事件的情报感知，从而对当前发生的突发事件进行有效防范、研判和救援。

表 5-4 D_1 和 D_0 的相似度计算表

特征词	物质	设施	工艺	空间	操作	管理	爆炸	中毒	污染	化学	炸药	石油
飞机	0.145455	0.145455	0.150943	0.186047	0.074074	0.074074	0.074074	0.369231	0.074074	0.150943	0.347826	0.171429
小时	0.251208	0.134367	0.145455	0.111628	0.044444	0.044444	0.044444	0.145455	0.044444	0.145455	0.111628	0.11306
插头	0.171429	0.1	0.210526	0.166667	0.074074	0.074074	0.074074	0.185185	0.074074	0.210526	0.166667	0.107758
报告	0.145455	0.090566	0.242424	0.150943	0.150943	0.137931	0.150943	0.186047	0.150943	0.242424	0.150943	0.1
速度	0.039781	0.039781	0.044444	0.044444	0.044444	0.044444	0.044444	0.042904	0.044444	0.044444	0.044444	0.03921
地面	0.206349	0.126316	0.166667	0.444444	0.074074	0.074074	0.074074	0.166667	0.074074	0.166667	0.210526	0.145455
航向	0.171429	0.1	0.210526	0.166667	0.074074	0.074074	0.074074	0.186908	0.074074	0.074074	0.166667	0.107758
飞行员	0.208696	0.111628	0.186047	0.186047	0.074074	0.074074	0.074074	0.165175	0.074074	0.186047	0.186047	0.121937
坡度	0.039781	0.039781	0.044444	0.044444	0.044444	0.044444	0.044444	0.042904	0.044444	0.044444	0.044444	0.03921
人员	0.229952	0.122997	0.111628	0.111628	0.044444	0.044444	0.044444	0.111628	0.044444	0.111628	0.111628	0.119688
气压	0.039781	0.039781	0.044444	0.044444	0.044444	0.044444	0.044444	0.042904	0.044444	0.044444	0.044444	0.03921
马力	0.044444	0.044444	0.074074	0.074074	0.074074	0.074074	0.074074	0.06637	0.074074	0.074074	0.074074	0.042904

表 5-5　D_2 和 D_0 的相似度计算表

特征词	物质	设施	工艺	空间	操作	管理	爆炸	中毒	污染	化学	炸药	石油
苯	0.208696	0.208696	0.186047	0.242424	0.074074	0.074074	0.074074	0.186047	0.074074	0.186047	0.347826	0.266667
温度	0.039781	0.039781	0.044444	0.044444	0.044444	0.044444	0.044444	0.042934	0.044444	0.044444	0.044444	0.03921
装置	0.347826	0.347826	0.111628	0.145455	0.165667	0.150943	0.137931	0.111628	0.137931	0.111628	0.369231	0.238683
波动	0.065753	0.053498	0.044444	0.044444	0.093566	0.082759	0.208696	0.171429	0.065753	0.044444	0.044444	0.042112
车间	0.188889	0.110185	0.126316	0.1	0.044444	0.044444	0.044444	0.121537	0.044444	0.126316	0.1	0.103119
火焰	0.208696	0.145455	0.186047	0.347826	0.074074	0.074074	0.074074	0.186047	0.074074	0.186047	0.242424	0.171429
硝酸	0.208696	0.208696	0.186047	0.242424	0.074074	0.074074	0.074074	0.186047	0.074074	0.186047	0.347826	0.266667
人员	0.229952	0.122997	0.111628	0.111628	0.044444	0.044444	0.044444	0.111628	0.044444	0.111628	0.111628	0.119688
地面	0.206349	0.126316	0.166667	0.444444	0.074074	0.074074	0.074074	0.166667	0.074074	0.166667	0.210526	0.145455
阀门	0.171429	0.1	0.210526	0.166667	0.074074	0.074074	0.074074	0.188632	0.074074	0.210526	0.166667	0.107758
操作	0.044444	0.044444	0.074074	0.074074	1	0.615385	0.166667	0.126984	0.166567	0.074074	0.074074	0.044444
硫酸	0.208696	0.208696	0.186047	0.242424	0.074074	0.074074	0.074074	0.186047	0.074074	0.186047	0.347826	0.266667

5.3.2 第二组情景相似度检验

为了进一步对突发事件应急决策的情报感知方法进行验证，笔者从食品安全文档库和危险化学品文档库中随机抽取出 2011 年双汇"瘦肉精"事件和山东保利民爆济南科技有限公司"5·20"特别重大爆炸事故两个案例。下面是两个案例文本的分词结果。

2011 年双汇"瘦肉精"事件分词结果

瘦肉/n/10 添加/v/4 养殖/vn/3 公司/n/3 双汇/nz/3 的确/d/2 生猪/n/2 收购/v/2 食品/n/2 猪/n/2 采购/v/1 业务/n/1 十八/m/2 所谓/v/2 主管/vn/1 承认/v/2 他们/rr/2 曝光/vi/2 特别/a/1 节目/n/1 宣称/v/1 检验/vn/1 放心/v/1 猪肉/n/1 检测/v/1 河南/ns/1 孟州/ns/12011 年/t/1 有毒/vn/1 顺利/ad/1 集团/n/1 流入/v/1 含有/v/1 济源/ns/1 有限公司/n/1 已经/d/1 停产/vi/1 整顿/v/1 紧急/ad/1 召回/v/1 涉案/vn/1 肉制品/n/13 月/t/1 鲜肉/n/1 估计/v/1 全部/m/1 直接/a/1 间接/b/1 损失/n/1 超过/v/1100 亿/m/115 日/t/1 甚至/d/1 可能/v/1 接近/v/1200 亿/m/1 相关/vn/1 涉案人员/n/1 收到/v/1 法律/n/1 制裁/vn/1 属于/v/1 肾上腺/n/1 神经/n/1 兴奋剂/n/1 饲料/n/1 可以/v/1 增加/v/1 动物/n/1 人类/n/1 食用/v/1 猪肝/n/1 以上/f/1 恶心/a/1 头晕/vi/1 四肢/n/1 无力/vi/1 手/n/1 中毒/vn/1 症状/n/1 心脏病/n/1 高血压/n/1 患者/n/1 老年人/n/1 危害/vn/1

山东保利民爆济南科技有限公司"5·20"特别重大爆炸事故分词结果

生产/vn/7 震源/n/65 月/t/5 起爆/v/5 安全/an/5 乳化/vi/5 炸药/n/5 工房/n/4 利民/v/4 生产/v/4 发生/v/4 太安/nr2/3 爆炸/vn/3 济南/ns/3 直径/n/3 工作/vn/3 公司/n/3 事故/n/218 日/t/2 配料/n/22013 年/t/2 毫米/q/2 开始/v/2 相关/vn/220 日/t/2 开启/v/2 设备/n/2 加料/v/2 化工/n/2 车间/n/2 管理/vn/2 监管/vn/2 保利/nz/2 集团/n/2 雷管/n/1 产生/v/1 存放/v/1 当班/vn/1 室内/s/119 日/t/1 生产线/n/1 停产/vi/1 早班/n/1 准备/v/1 完毕/vi/1 正常/a/110 时/t/1 同时/c/1 岩石/n/1 随后/f/1 陆续/d/1 技术员/n/1 检验/v/151 分/t/1 人员/n/1 进入/v/1 位于/v/1 班组长/n/1 山东省/ns/1 一起/s/1 先后/d/1 三包/n/1 调查/v/1 核实/v/1 剩余/vn/1 放在/v/1 章丘市/ns/1 西侧/f/1 科技/n/1 搅拌机/n/1 加入/v/1 突然/ad/1 有限公司/n/1 回收/vn/1 复用/vn/1 过程/n/1 混入/v/1 提高/v/1 危险/a/1 受到/v/1 强力/n/1 摩擦/vn/1 挤压/vn/1 撞击/vn/1 瞬间/t/1 引爆/v/1 从而/c/1 其他/rzv/1 部位/n/1 法制/n/1 意识/n/1 极其/d/1 淡薄/a/1 当班/vi/1 混乱/an/1 长期/b/1 违法/vn/2 违规/vn/3 组织/n/1 改变/v/1 工艺/n/1 增加/v/1 品种/n/1 超员/v/1 超量/vd/1 进行/vx/1 维修/vn/1 基建/n/1 施工/vn/1 弄虚作假/vl/1 规避/v/1 其中/rz/1 重视/v/1 监督/vn/1 不力/a/1 地方/n/1 行业/n/1 主管/vn/1 部门/n/1 扎实/a/1 得力/a/1

利用 TF-IDF 算法计算后的两个案例文本的重要特征词见表 5-6 和表 5-7，其特征词集为：

$D_3 =$｛瘦肉，养殖，生猪，公司，有毒，损失，四肢，肾上腺，患者，症状，制裁，神经｝

$D_4 =$｛震源，炸药，直径，配料，集团，化工，主管，雷管，岩石，搅拌机，行业，摩擦｝

表 5-6　2011 年双汇"瘦肉精"事件的特征词集

特征词	V（频率）	$\lg(N/N_K + 0.5)$	$\lg(N/N_K + 0.5) \times V$
瘦肉	0.095238095	1.021189299	0.097256124
养殖	0.028571429	0.740362689	0.021153220
生猪	0.019047619	1.021189299	0.019451225
公司	0.028571429	0.477121255	0.013632036
有毒	0.00952381	1.021189299	0.009725612
损失	0.00952381	1.021189299	0.009725612
四肢	0.00952381	1.021189299	0.009725612
肾上腺	0.00952381	1.021189299	0.009725612
患者	0.00952381	1.021189299	0.009725612
症状	0.00952381	1.021189299	0.009725612
制裁	0.00952381	1.021189299	0.009725612
神经	0.00952381	1.021189299	0.009725612

表 5-7　山东保利民爆济南科技有限公司"5·20"特别重大爆炸事故的特征词集

特征词	V（频率）	$\lg(N/N_K + 0.5)$	$\lg(N/N_K + 0.5) \times V$
震源	0.033707865	1.021189299	0.034422111
炸药	0.028089888	1.021189299	0.028685093
直径	0.016853933	0.740362689	0.012478023
配料	0.011235955	0.740362689	0.008318682
集团	0.011235955	0.740362689	0.008318682
化工	0.011235955	0.583576586	0.006557040
主管	0.005617978	1.021189299	0.005737019
雷管	0.005617978	1.021189299	0.005737019
岩石	0.005617978	1.021189299	0.005737019
搅拌机	0.005617978	1.021189299	0.005737019

特征词	V（频率）	$\lg(N/N_K + 0.5)$	$\lg(N/N_K + 0.5) \times V$
行业	0.005617978	1.021189299	0.005737019
摩擦	0.005617978	1.021189299	0.005737019

将 D_3，D_4 分别与已构建的危险化学品事故情景要素的核心词集 D_0 进行相似度计算，得出表 5-8 和表 5-9。

基于知网的相似度计算结果为：

$$\text{sim}(D_3, D_0) = 0.102230542$$

$$\text{sim}(D_4, D_0) = 0.147912569$$

相似度检验结果再次表明，本研究中构建的危险化学品事故情景要素的核心词与山东保利民爆济南科技有限公司"5·20"特别重大爆炸事故的特征词有较高的相似度，而与 2011 年双汇"瘦肉精"事件特征词的相似度较低。

两组情景相似度检验结果说明，本研究中所设想的通过具体案例描述与已有情景要素之间的匹配，构建事故未来可能情景的情报感知实现路径是可行的，同时也说明之前研究中所提取的情景要素是合理的。

表 5-8　D_3 和 D_0 的相似度计算表

特征词	物质	设施	工艺	空间	操作	管理	爆炸	中毒	污染	化学	炸药	石油
瘦肉	0.188889	0.110185	0.126316	0.1	0.044444	0.044444	0.044444	0.121937	0.044444	0.126316	0.1	0.103119
养殖	0.053498	0.053498	0.044444	0.044444	0.090566	0.082759	0.111628	0.054545	0.111628	0.044444	0.044444	0.039781
生猪	0.206349	0.12037	0.166667	0.166667	0.074074	0.074074	0.074074	0.166667	0.074074	0.166667	0.166667	0.111628
公司	0.251208	0.134367	0.145455	0.111628	0.044444	0.044444	0.044444	0.145455	0.041444	0.145455	0.111628	0.11306
有毒	0.048971	0.048971	0.044444	0.044444	0.044444	0.044444	0.044444	0.044444	0.044444	0.044444	0.044444	0.042112
损失	0.044444	0.044444	0.074074	0.074074	0.150943	0.137931	0.150943	0.137931	0.109589	0.074074	0.074074	0.044444
四肢	0.206349	0.12037	0.126316	0.1	0.044444	0.044444	0.044444	0.121937	0.044444	0.126316	0.1	0.098481
肾上腺	0.206349	0.12037	0.126316	0.1	0.044444	0.044444	0.044444	0.121937	0.044444	0.126316	0.1	0.098481
患者	0.208696	0.111628	0.186047	0.186047	0.074074	0.074074	0.074074	0.17261	0.074074	0.186047	0.186047	0.121937
症状	0.251208	0.134367	0.145455	0.111628	0.044444	0.044444	0.044444	0.354416	0.044444	0.145455	0.111628	0.111439
制裁	0.044444	0.044444	0.074074	0.074074	0.166667	0.150943	0.044444	0.096336	0.216526	0.074074	0.074074	0.044444
神经	0.206349	0.12037	0.126316	0.1	0.044444	0.044444	0.044444	0.121937	0.044444	0.126316	0.1	0.098481

表 5-9　D₄ 和 D₀ 的相似度计算表

特征词	物质	设施	工艺	空间	操作	管理	爆炸	中毒	污染	化学	炸药	石油
震源	0.206349	0.12037	0.126316	0.1	0.044444	0.044444	0.044444	0.121937	0.044444	0.126316	0.1	0.098481
炸药	0.171429	0.171429	0.166667	0.210526	0.074074	0.074074	0.074074	0.166667	0.074074	0.166667	1	0.208696
直径	0.042112	0.042112	0.044444	0.044444	0.044444	0.044444	0.044444	0.042596	0.044444	0.044444	0.044444	0.040846
配料	0.044444	0.044444	0.074074	0.074074	0.186047	0.166667	0.150943	0.102564	0.150943	0.074074	0.074074	0.044444
集团	0.208696	0.111628	0.242424	0.186047	0.074074	0.074074	0.074074	0.242424	0.074074	0.242424	0.186047	0.126316
化工	0.206349	0.12037	0.126316	0.1	0.044444	0.044444	0.044444	0.16455	0.044444	0.126316	0.1	0.098481
主管	0.229952	0.122997	0.111628	0.111628	0.615385	1	0.150943	0.117647	0.150943	0.111628	0.111628	0.119688
雷管	0.171429	0.171429	0.166667	0.210526	0.074074	0.074074	0.074074	0.166667	0.074074	0.166667	1	0.208696
岩石	0.208696	0.145455	0.186047	0.347826	0.074074	0.074074	0.074074	0.166698	0.074074	0.186047	0.242424	0.165486
搅拌机	0.171429	0.171429	0.166667	0.210526	0.074074	0.074074	0.074074	0.149333	0.074074	0.166667	0.444444	0.201461
行业	0.171429	0.1	0.210526	0.166667	0.074074	0.074074	0.074074	0.285714	0.074074	0.210526	0.166667	0.111628
摩擦	0.044444	0.044444	0.074074	0.074074	0.166667	0.150943	0.444444	0.096386	0.347826	0.074074	0.074074	0.044444

5.4 情景相似度的情报感知启示

基于情景相似度的突发事件应急决策情报感知，将以往的经验情报和当下的即时情报交叉应用，从而实现对突发事件情报资源的有效感知，解决了突发事件应急救援被动响应、反应滞后的问题，实现了"情景—应对"模式下突发事件的事件识别和情报研判，以更加综合和更具有预见性的方法来改进突发事件应急管理工作。本部分以危险化学品事故为例，利用扎根理论，通过文本分词、特征词抽取、相似度计算等步骤，提出了一种基于情景的面向突发事件应急决策的情报感知实现路径，如图 5-1 所示。

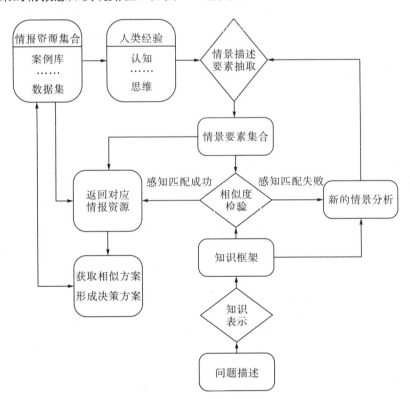

图 5-1 基于情景的面向突发事件应急决策的情报感知实现路径

突发事件应急决策的情报感知实现，首先需要以全源情报资源为基础，即以数据库、案例库、数据集、网络平台等为载体的情报资源是情报感知的基本素材。在形成突发事件情报资源集合的基础上，由相关专家等辅以一些系统工具和方法对突发事件进行分析，抽取出既能够描述事件特征又能够表述事件内容的情景要素，形成情景要素集合。

当一个新的突发事件发生时，利用知识表示方法对具体事件进行描述，并从其描述中进行文本分词和特征词抽取，选取权重高的特征词与从以往事件中抽取的情景要素进行相似度计算，匹配出与具体突发事件相似度较高的情景要素，然后结合当前事件演化态势和以往的经验性知识对这些情景要素进行组合推演，形成一个包含已经存在的情景与未来可能发生的情景的情景树，实现对突发事件的识别和预判。

根据情景的详细信息，可以有效把握突发事件发展演化过程中各种不同的可能情况，包括突发事件可能的发展方向、可能的受灾人群和区域、可能衍生的次生灾害，应急管理注意事项、应采取的灾害警报和救灾措施等。突发事件应急决策的情报感知实现，能够达到对突发事件敏感指标的预见、危情爆发的社会警示、萌芽状态的早期干预和危害程度的后期缓解的目的。

结合"情景—应对"的应急管理模式，对面向突发事件应急决策的情报感知工作的步骤进行描述，见表5—10。其工作方式能够有效满足突发事件情报工作中的情报实时共享、情报感知响应、方案智能选择、事件模拟处置等功能需求。

表5—10　情报感知工作的步骤描述

步骤	基本内容
第一步	明确是何种类型的突发事件及需要应对的问题。
第二步	搜集情报资料，请相关专家对问题进行研讨。
第三步	请专家依据情报资料和以往经验，形成突发事件的情景要素。
第四步	请专家利用一定方法对情景要素进行逐步分析或者逐级定量化。
第五步	利用计算机及计算算法对事件的情景要素进行相似度检验，形成判断模型。
第六步	基本上得到专家群体的认可后，完成具体突发事件的情景构建。
第七步	评价情景构建的可靠性。如果专家不满意，那么重复第三步到第七步。

可以说，突发事件应急决策的情报感知实现是应急管理情报工作在"输入—过程—输出"中的一个重要环节，有着动态渐进和螺旋上升的本质，在全面结合历史经验数据认识突发事件情景中的不确定因素基础上，推演出事件的潜在风险、未来走向及具体的约束条件，并据此制定应急方案，有效处置新的突发事件。

第6章　应急决策情报感知的政策建议

应急决策情报感知是以情报资源为基础对突发事件风险及其演化态势的洞悉，是面向应急决策的对当前突发事件的发现识别、理解分析、积极响应的一种应急管理情报工作方式。必须说明的是，前文的情景分析是基于突发事件案例而展开的，事实上突发事件应急管理中的情报资源不仅包括历史上发生的事件等经验类资源，还包括其他更多的情报资源，而情景分析则有赖于专家经验知识的介入。情报资源依赖特定情景实现价值和发挥作用，并通过情景相似度检验得以激活，因而需要通过一定的技术方法加以实现，最终形成利用相似历史情景构建当前事件未来可能情景的一种解决方案。

6.1　构建突发事件情报资源集合

数据库、案例库、数据集、网络平台等信息源所承载的情报资源是突发事件应急决策情报感知的基本素材，是开展情报感知工作最重要的资源保障。首先将突发事件划分为自然灾害、事故灾难、公共卫生事件、社会安全事件四个类别，然后根据每个类别突发事件情报资源的需求、特征、渠道等确定采集范围，再按照连续性、系统性、可靠性、实用性等情报采集原则进行相关情报资源的采集，并不断调整情报资源的内容和结构，有预见性地构建相关突发事件情报资源集合。

要对采集到的突发事件情报资源进行有效整合，避免多源信息的割裂性所带来的情报全貌缺失问题。要努力打破行政区域之间、部门行业之间的限制，弥补不同来源的情报资源在规范、标准、结构、格式等方面存在差异的不足。通过同名实体的识别和特征属性的融合，形成匹配突发事件应急决策的目标和环境的情报资源融合集群，为后续做出科学可靠的应急决策提供基本的情报资源保障。

要利用一定的规则、方法、技术和手段，对采集到的突发事件情报资源的外在特征和内容特征进行序化组织。突发事件情报资源的组织，既是描述突发事件的时空属性并赋予内容本身意义，也是为当下和未来事件提供可能性的组合及顺序。围绕着突发事件事前、事发、事中和事后的不同阶段，必须根据事前预防、事发响应、事中执行、事后处置的各个阶段工作需要对情报资源进行详细描述、合理分类和有序转换，从而保障应急决策部门对情报资源的有效获取、利用、流通和组合。

要以事件为核心，以情景为基本单元，对情报资源进行结构化表示和映射，形成突发事件情景嵌入的情报资源关联体系。这就需要对这些情报资源进行情景分析，对突发事件情景涉及的相关实体加以一致性解释和描述，使之成为具体类型事件库被激活的关键触发点。众多来源的情报资源将通过这种情景分析方法，依据情报资源之间的映射关系，串联成突发事件应急决策的情报资源集合，达到突发事件应急决策情报感知"见微知著"的效果。当具体突发事件发生时，就可以有效与关联体系中的情报资源进行相似比较并快速匹配，从而即时响应，高效发挥已有情报资源的分析预测作用。

6.2 利用专家经验知识进行质性分析

突发事件应急决策中参与研讨的专家构成了情报感知工作的主体，同时他们也是突发事件复杂性问题解决的关键所在。在情报感知实践中，要积极利用专家经验知识进行情景的质性分析。突发事件情景质性分析的专家不仅需要有丰厚的专业理论知识积淀，而且需要具备丰富的实践经验和较强的专业技能。丰厚的专业理论知识能够支撑相关专家对事件进行科学合理、逻辑清晰的分析，而丰富的实践经验则能使其对事件的分析和生成的情景更贴合实际，在事件预警和处置过程中更具实用性。

突发事件产生的原因及其表现形式的多样性和社会危害的多层次性，以及系统内部演变的次生、衍生事件，都呈现出演变方式复杂、发展不可预测、快速蔓延、难以认知、影响广泛和破坏性强等特性。[①] 鉴于突发事件类型、表现形式及演化周期的多样性和复杂性，服务于情报感知的相关专家的专业构成也应具有多样性。面向突发事件应急决策的情报感知工作是一个复杂巨系统，无论是对问题的明确，还是对问题的假设，都不是一个专家或一个领域的专家群所能够完成的，需要来自不同学科、不同行业、不同部门的专家反复深入讨

---

① 刘奕，刘艺，张辉. 非常规突发事件应急管理关键科学问题与跨学科集成方法研究［J］. 中国应急管理，2014（1）：10—15.

论，最后达成关于突发事件情景分析的共识。以危险化学品事故为例，就需要集中防爆、防化、防疫、灭火、医疗、环保、刑侦等方面的专家以提供智力支持。同时，要明确相关专家的专业配置要求。就我国目前的应急管理而言，需要大量的专业人才和专家团队，因此首先应该努力增加专业人才数量，其次要重视专家团队的质量。目前我国应急管理领域的确存在人员良莠不齐的问题，高配置的专家团队将会大大提升应急情报的及时性和准确性。

突发事件应急决策的情报感知工作是以情报资源为基础对突发事件风险及其演化态势的洞悉，专家团队对于突发事件情景的质性分析认知能力是实现情报感知的关键环节之一。在情景应对视角下，就需要从事突发事件应急决策情报感知工作的专家团队利用前期已经构建的突发事件情报资源集合，从大量同类案例中提取情景要素，根据情景要素之间的联系和对内在规律的认识构建情景维序，形成突发事件进展和演化的可能性组合。最后，对这些情景分析的结果及情报资源进行进一步整合，形成关于突发事件应急决策的系列情景症候体系，在新的突发事件发生时加以研判应用，实现突发事件的情报感知。

6.3　应用技术方法进行情景相似度检验

突发事件应急决策所需的情报资源是一定情景下的产物，并依赖特定情景实现价值和发挥作用，因而必须通过相应的技术方法对不同事件的情景相似度进行检验，从而发现事件之间的重合和接近程度，最终为具体突发事件的情景构建提供服务支撑。

具体突发事件发生后，应根据已确定的突发事件资源框架对该事件进行知识表示，对所能搜集到的信息进行多层次、多粒度的分解，并在需要的时候及时重构。突发事件的知识表示可以通过本体表示法、面向对象表示法、框架表示法、语义网络表示法等完成。同时，需要保证事件的知识表示具有过程化、可扩展、可理解等基本功能，从而帮助应急决策主体有效地辨识和理解突发事件的时空格局和演化关联，为后续的情景相似度检验做好准备。

要利用数据挖掘算法对已通过知识表示方法呈现的突发事件具体内容进行关键特征属性提取，例如本研究中应用的文本分词、特征词提取等。突发事件的关键特征属性既包括事件发展本身的属性，也包括其承载体和应急救援活动的属性等，这些关键特征属性可决定突发事件演化的方向，是应急决策所需的关键信息。对于突发事件的关键特征属性，要通过权重算法等方法确定属性重要程度，减少属性数量和约简属性空间，以此提高后续相似度检验的可执行性、可理解性和精确性。

当前突发事件在知识表示和关键特征属性提取基础上，作为决策目标与历史案例质性分析的情景要素进行相似度检验，形成基于情景相似性分析的决策范式。在具体实践中，需要通过计算决策目标与该类型事件的历史案例情景之间的相似度，并通过设定阈值来决定是否要激活围绕情景的基础情报资源。如果情景相似度检验结果超过设定阈值，则主动感知相近的情报资源，获取相似的应急决策方案并加以修正，进而生成针对当前事件的各种可能性决策方案；如果情景相似度检验结果没有达到设定阈值，则表明决策目标与历史案例存在较大差异，是一个与已有资源相似度不高的突发事件，就可以对当前的决策目标进行情景分析，并纳入情报资源集合。

6.4 有效完成应急决策情景构建

突发事件应急决策的情景构建是实现"情景—应对"型应急管理模式的关键问题之一，是突发事件情报感知的实现目标。情景构建是基于此前的情报资源集合、情景质性分析和情景相似度检验等情报感知工作，将那些具有相似性的情景按照一定的原则进行分解整合，利用历史情景构建当前事件未来可能情景的一种解决方案。情景构建的质量直接影响和决定事故预警和事故救援的效果，能够有效地帮助应急管理部门对当前的突发事件风险及其演化态势进行判断，从而为应急决策提供支撑。

突发事件往往具有很高的不确定性和复杂性，不同类型的突发事件呈现出不同的特征，并且随着时间点的变化和事件的发展，其特征也会相应地发生变化，且不同的突发事件发生区域会产生不同的事故后果，采用的救援措施也会有所差别。因此，突发事件应急决策的情景构建应根据不同类型、不同领域、不同危害程度设计相应工作模式，有针对性地进行情景检索和匹配，明晰当前突发事件轮廓，生成情景组图，服务应急决策。

应急决策情景构建往往对人员、技术和时间有着很高的要求，但现实中专家往往分布在各个政府部门、各大高校以及各大科研院所，无法及时快速地汇集在一起进行讨论分析。因而情景构建要充分利用互联网所提供的强力技术支撑，对分布在不同地理位置的专家的意见进行汇总。通过中央控制系统、智能通信系统、视频会议系统等技术手段，让决策者和专家既可以回顾此类突发事件的历史案例，又可以预判当前突发事件的态势演变，持续建模仿真，形成方案集合，从而为应急管理决策提供各类方案选择。

　　基于相似度匹配得到的情景并不能直接构建情景，还需要对其进行一些整合，才能生成当前事件未来可能的情景组图。这就要求对合并在一起的有机部分做进一步的整理，厘清情景块之间的关系，结合当前事件演化信息和以往的经验性信息，对这些情景要素进行组合推演，以期形成一个包含已经存在的情景与未来可能发生的情景的情景序列，构建与当前事件走向最为相似的情景。但仍应考虑到突发事件会不断发展演化，并伴随着新情景的产生，因此必须根据实时发生的突发事件进行循环往复的推演计算和情景构建。经由这些操作，决策者就可以得到一个相对准确、可靠的，由众多历史情景组合而成的完整的事件情景，并基于此开展事故救援等工作。

　　尽管突发事件应急决策的情景构建是通过与历史情景的匹配来完成的，但仍然有必要结合当前事件的实际情况，对所形成的情景构建解决方案进行修正，因而情景构建的结果评估尤为必要。此时，人工智能、虚拟现实、可视化等先进信息技术能够更好地帮助决策部门对情景构建得出的方案进行有效评价，形成具体突发事件不同方案的评价意见集合，最终生成评价结果。如果评价结果是对突发事件应急决策的情景构建方案不满意，就将对之前的问题定性分析进行再次研讨，重新设计方案并生成评价意见，直到满意为止。唯有如此，应急决策的情景构建才能真正发挥其在突发事件中的情报分析预测作用。

第7章 总结与展望

7.1 研究总结

2016 年发生的"7·19"河北特大暴雨洪涝灾害事件、2017 年发生的"2·25"江西南昌重大火灾事故等,无不印证着突发事件风险的高度不确定性。当人们急需突发事件情报进行风险监测、应急预防和应急决策时,却往往面临情报资源不足、情报分散零碎、情报关联缺失、情报响应迟缓等诸多问题,这使得情报的耳目、尖兵和参谋效用大打折扣,难以快速有效地响应突发事件。突发事件应急决策的情报感知工作强调问题的情景嵌入,努力让突发事件应急情报工作不再被动和游离,最终在情报感知基础上对可能出现的若干情景及其内容进行组合分析、推演和研判,体现了跨学科的应急管理理论与研究方法的集成创新,是对应急管理情报联动要求下"资源聚合与事件驱动"协调规划方案的一种努力探索。

本研究基于典型案例的情景分析,以应急管理所需的情报资源为核心,触发情报资源的动态感知,讨论情景嵌入下突发事件应急决策的情报感知及实现路径问题,进而为突发事件应急决策方案的制定提供方法支持。本研究的主要工作体现在以下几个方面:

(1)突发事件应急管理情报工作中充斥着不断涌现的情景要素及其所构成的情景象限。因此,本研究提出突发事件应急决策的情报感知需要对突发事件的"小情景"过程及相关要素加以一致性解释和描述,构建应急管理的"大情景"情报映射关系体系,从而及时有效地响应敏感情报,快速推动人、技术、任务等的协同互动,并迅速地激活情报工作体系。

(2)突发事件应急决策的情报感知工作需要对与事件相关的情景要素进行全面、及时、有效的理解和认知,从而有效感知突发事件的发展态势。本研究在情景分析的基础上,选取危险化学品事故作为研究对象,应用扎根理论对突发事件情景要素进行提取,形成危险化学品事故的情景构成,作为情景嵌入下突发事件应急决策的情报感知研究的一个实例。

（3）突发事件情报资源的情景分析为实践中具体事件的态势感知提供了基本的依据。本研究利用危险化学品事故的情景构成，将三种不同类型的突发事件与已构建的情景进行相似度检验，结果表明，情景嵌入下突发事件应急决策的情报感知实现是可行的，并能让已存在的情报资源被迅速感知，为后续的情景构建和应急决策提供强力支撑。

（4）突发事件应急决策的情报感知是以情报资源为基础对突发事件风险及其演化态势的洞悉。因而突发事件应急决策的情报感知工作有赖于突发事件情报资源集合的构建、专家经验知识的质性分析、情景相似度的技术检验，并最终利用相似历史情景构建当前事件未来可能的情景组合。

7.2 研究展望

突发事件频发的现代社会，如何有效提升情报感知能力以获取不确定环境中的可用情报，从而为应急管理决策提供支撑显得尤为重要。基于情景应对视角研究突发事件应急决策情报感知的资源基础、实现路径和服务方案等问题，积极尝试"历史与现场"双重要求下的情报工作范式固然重要，但仍有许多工作需要加以完善，这也是本研究存在的不足之处。

（1）突发事件情报资源往往是多源且异构的，从整体上看，囊括了现场信息、历史案例、基础数据、知识经验等；就具体事件来看，包括突发事件发生的时间、发生的地点、信息来源、起因和性质、基本过程、已造成的后果、影响范围、发展趋势、已经采取的处置措施等。这些情报资源既来自内生情报源（例如事件监控记录、下级部门信息报告等），也来自外生情报源（例如外部机构的评估报告、网络舆情信息等）。本研究对于突发事件应急决策的情报感知研究素材主要来自历史案例，对于全源情报资源下的情报感知工作的有用性和适用性需要进一步加以检验。

（2）在努力实践突发事件应急决策的情报感知问题上，我们需要解决的关键问题是如何在情景嵌入分析框架下完成情景要素的提取和归类，这将是统一情景要素、认知情报特征、激活情报体系的重要突破口。本研究利用扎根理论，对危险化学品事故情景要素的提取进行了尝试性的探索，以呈现情景要素提取和情景相似度检验是实现突发事件应急决策情报感知工作的有效路径，但突发事件应急管理需要对各种类型突发事件的情景要素及其实体加以语义化描述，才能更精准地对情报资源进行聚合、映射、关联和匹配，真正破除底层数据与高层情报之间的"语义鸿沟"，以便情报触发识别感知并激活整个情报体系快速响应。然而全源要求下的情报资源语义化是一个庞大的工程，也是一个复杂的系统性问题，未来的研究需要我们在理论认知和方法上加以重视，下一步的研究重点将沿着这些具体问题展开。

（3）突发事件应急决策的情报感知研究，目的是在具体突发事件发生时，帮助决策者有效感知已有的情报资源，最终通过情景构建为快速响应应急决策提供支撑。本研究主要是讨论突发事件应急决策的情报感知及实现路径问题，故没有对基于情报感知的情景构建展开具体研究，而对于不同类型的突发事件，例如自然灾害中的水旱灾害、气象灾害、地震灾害、地质灾害、海洋灾害、生物灾害、森林草原火灾等，情景构建都会有所不同，这些问题在未来的研究中需要加以考虑。

附　录

附录一　选取的两个典型案例

案例 1：天津港"8·12"瑞海公司危险品仓库特别重大火灾爆炸事故

一、事故基本情况

2015 年 8 月 12 日 22 时 51 分 46 秒，位于天津市滨海新区吉运二道 95 号的瑞海公司危险品仓库运抵区最先起火，23 时 34 分 06 秒发生第一次爆炸，23 时 34 分 37 秒发生第二次更剧烈的爆炸。事故现场形成 6 处大火点及数十个小火点。8 月 14 日 16 时 40 分，现场明火被扑灭。

事故现场按受损程度分为事故中心区、爆炸冲击波波及区。事故中心区为此次事故中受损最严重区域。该区域东至跃进路，西至海滨高速，南至顺安仓储有限公司，北至吉运三道，面积约为 54 万平方米。两次爆炸分别形成一个直径 15 米、深 1.1 米的月牙形小爆坑和一个直径 97 米、深 2.7 米的圆形大爆坑。以大爆坑为爆炸中心，150 米范围内的建筑被摧毁，东侧的瑞海公司综合楼和南侧的中联建通公司办公楼只剩下钢筋混凝土框架；堆场内大量普通集装箱和罐式集装箱被掀翻、解体、炸飞，形成由南至北的 3 座巨大堆垛，一个罐式集装箱被抛进中联建通公司办公楼 4 层房间内，多个集装箱被抛到该建筑楼顶；参与救援的消防车、警车和位于爆炸中心南侧的吉运一道和北侧的吉运三道附近的顺安仓储有限公司、安邦国际贸易有限公司储存的 7641 辆商品汽车和现场灭火的 30 辆消防车在事故中全部损毁，邻近中心区的贵龙实业、新东物流、港湾物流等公司的 4787 辆汽车受损。

事故造成 165 人遇难（参与救援处置的公安现役消防人员 24 人、天津港消防人员 75 人、公安民警 11 人，事故企业、周边企业员工和周边居民 55 人），8 人失踪（天津港消防人员 5 人，周边企业员工、天津港消防人员家属 3 人），798 人受伤住院治疗（伤情重及较重的伤员 58 人、轻伤员 740 人）；

304 幢建筑物、12428 辆商品汽车、7533 个集装箱受损。截至 2015 年 12 月 10 日，事故调查组依据《企业职工伤亡事故经济损失统计标准》（GB 6721—1986）等标准和规定统计，已核定直接经济损失 68.66 亿元人民币。

通过分析事发时瑞海公司储存的 111 种危险货物的化学组分，确定至少有 129 种化学物质发生爆炸燃烧或泄漏扩散，其中，氢氧化钠、硝酸钾、硝酸铵、氰化钠、金属镁和硫化钠这六种物质的重量占到总重量的 50%。同时，爆炸还引燃了周边建筑物以及大量汽车、焦炭等普通货物。本次事故残留的化学品与产生的二次污染物逾百种，对局部区域的大气环境、水环境和土壤环境造成了不同程度的污染。

二、事故企业存在的主要问题

瑞海公司违法违规经营和储存危险货物，安全管理极其混乱，未履行安全生产主体责任，致使大量安全隐患长期存在。（1）严重违反天津市城市总体规划和滨海新区控制性详细规划，未批先建、边建边经营危险货物堆场。（2）无证违法经营。（3）以不正当手段获得经营危险货物批复。（4）违规存放硝酸铵。（5）严重超负荷经营、超量存储。（6）违规混存、超高堆码危险货物。（7）违规开展拆箱、搬运、装卸等作业。（8）未按要求进行重大危险源登记备案。（9）安全生产教育培训严重缺失。（10）未按规定制定应急预案并组织演练。

三、有关地方政府及部门和中介机构存在的主要问题

（1）天津市交通运输委员会（原天津市交通运输和港口管理局）滥用职权，违法违规实施行政许可和项目审批；玩忽职守，日常监管严重缺失。（2）天津港（集团）有限公司在履行监督管理职责方面玩忽职守，个别部门和单位弄虚作假、违规审批，对港区危险品仓库的监管缺失。（3）天津海关系统违法违规审批许可，玩忽职守，未按规定开展日常监管。（4）天津市安全监管部门玩忽职守，未按规定对瑞海公司开展日常监督管理和执法检查，也未对安全评价机构进行日常监管。（5）天津市规划和国土资源管理部门玩忽职守，在行政许可中存在多处违法违规行为。（6）天津市市场和质量监督部门对瑞海公司日常监管缺失。（7）天津海事部门培训考核不规范，玩忽职守，未按规定对危险货物集装箱现场开箱检查进行日常监管。（8）天津市公安部门未认真贯彻落实有关法律法规，未按规定开展消防监督指导检查。（9）天津市滨海新区环境保护局未按规定审核项目，未按职责开展环境保护日常执法监管。（10）天津市滨海新区行政审批局未严格执行项目竣工验收规定。（11）天津市委、天津市人民政府和滨海新区党委、政府未全面贯彻落实有关法律法规，对有关部

门和单位安全生产工作存在的问题失察失管。（12）交通运输部未认真开展港口危险货物安全管理督促检查，对天津交通运输系统工作指导不到位。（13）海关总署未认真组织落实海关监管场所规章制度，督促指导天津海关工作不到位。（14）中介及技术服务机构弄虚作假，违法违规进行安全审查、评价和验收等。

四、事故主要教训

（1）事故企业严重违法违规经营。瑞海公司无视安全生产主体责任，置国家法律法规、标准于不顾，只顾经济利益，不顾生命安全，不择手段地变更及扩展经营范围，长期违法违规经营危险货物，安全管理混乱，安全责任不落实，安全教育培训流于形式，企业负责人、管理人员及操作工、装卸工都不知道运抵区储存的危险货物种类、数量及理化性质，冒险蛮干问题十分突出，特别是违规大量储存硝酸铵等易爆危险品，直接造成此次特别重大火灾爆炸事故的发生。

（2）有关地方政府安全发展意识不强。瑞海公司长时间违法违规经营，有关政府部门在瑞海公司经营问题上一再违法违规审批、监管失职，最终导致天津港"8·12"事故的发生，造成严重的生命财产损失和恶劣的社会影响。事故的发生，暴露出天津市及滨海新区政府贯彻国家安全生产法律法规和有关决策部署不到位，对安全生产工作重视不足、摆位不高，对安全生产领导责任落实不力、抓得不实，存在着"重发展、轻安全"的问题，致使重大安全隐患以及政府部门职责失守的问题未能被及时发现、及时整改。

（3）有关地方和部门违反法定城市规划。天津市政府和滨海新区政府严格执行城市规划法规意识不强，对违反规划的行为失察。天津市规划、国土资源管理部门和天津港（集团）有限公司严重不负责任、玩忽职守，违法通过瑞海公司危险品仓库和易燃易爆堆场的行政审批，致使瑞海公司与周边居民住宅小区、天津港公安局消防支队办公楼等重要公共建筑物以及高速公路和轻轨车站等交通设施的距离均不满足标准规定的安全距离要求，导致事故伤亡和财产损失扩大。

（4）有关职能部门有法不依、执法不严，有的人员甚至贪赃枉法。天津市涉及瑞海公司行政许可审批的交通运输等部门，没有严格执行国家和地方的法律法规、工作规定，没有严格履行职责，甚至与企业相互串通，以批复的形式代替许可，行政许可形同虚设。一些职能部门的负责人和工作人员在人情、关系和利益诱惑面前，存在失职渎职、玩忽职守以及权钱交易、暗箱操作的腐败行为，为瑞海公司规避法定的审批、监管出主意，呼应配合，致使该公司长期违法违规经营。天津市交通运输委员会没有履行法律赋予的监管职责，没有落实"管行业必须管安全"的要求，对瑞海公司的日常监管严重缺失；天津市环保部门把关不严，违规审批瑞海公司危险品仓库；天津港公安局消防支队平时对辖区疏于检查，对瑞海公司储存的危险货物情况不熟悉、不掌握，没有针对不同性质的危险货物制定相应的消防灭火预案，准备相应的灭火救援装备和物资；海关等部门对港口危险货物尤其是瑞海公司的监管不到位；安全监管部门没有对瑞海公司进行监督检查；天津港物流园区安监站政企不分且未认真履行监管职责，对"眼皮底下"的瑞海公司的严重违法行为未发现、未制止。上述有关部门不依法履行职责，致使相关法律法规形同虚设。

（5）港口管理体制不顺、安全管理不到位。天津港已移交天津市管理，但是天津港公安局及消防支队仍以交通运输部公安局管理为主。同时，天津市交通运输委员会、天津市建设管理委员会、滨海新区规划和国土资源管理局违法将多项行政职能委托给天津港（集团）有限公司行使，客观上造成交通运输部、天津市政府以及天津港（集团）有限公司对港区管理职责交叉、责任不明，天津港（集团）有限公司政企不分，安全监管工作同企业经营形成内在关系，难以发挥应有的监管作用。另外，港口海关监管区（运抵区）安全监管职责不明，致使瑞海公司违法违规行为长期得不到有效纠正。

（6）危险化学品安全监管体制不顺、机制不完善。目前，危险化学品生产、储存、使用、经营、运输和进出口等环节涉及部门多，地区之间、部门之间的相关行政审批、资质管理、行政处罚等未形成完整的监管"链条"。同时，全国缺乏统一的危险化学品信息管理平台，部门之间没有做到互联互通，信息不能共享，不能实时掌握危险化学品的去向和情况，难以实现对危险化学品全时段、全流程、全覆盖的安全监管。

（7）危险化学品安全管理法律法规标准不健全。国家缺乏统一的危险化学品安全管理、环境风险防控的专门法律；《危险化学品安全管理条例》对危险化学品流通、使用等环节要求不明确、不具体，特别是针对物流企业危险化学品安全管理的规定空白点较多；现行有关法规对危险化学品安全管理违法行为处罚偏轻，单位和个人违法成本很低，不足以起到惩戒和震慑作用。与欧美发达国家和部分发展中国家相比，我国危险化学品缺乏完备的准入、安全管理、风险评价制度。危险货物大多涉及危险化学品，危险化学品安全管理涉及监管环节多、部门多、法规标准多，各管理部门立法出发点不同，对危险化学品安全要求不一致，造成当前危险化学品安全监管乏力以及企业安全管理要求模糊不清、标准不一、无所适从的状况。

（8）危险化学品事故应急处置能力不足。瑞海公司没有开展风险评估和危险源辨识评估工作，应急预案流于形式，应急处置力量、装备严重缺乏，不具备初起火灾的扑救能力。天津港公安局消防支队没有针对不同性质的危险化学品准备相应的预案、灭火救援装备和物资，消防队员缺乏专业训练演练，危险化学品事故处置能力不强；天津市公安消防部队也缺乏处置重大危险化学品事故的预案以及相应的装备；天津市政府在应急处置中的信息发布工作一度安排不周、应对不妥。从全国范围来看，专业危险化学品应急救援队伍和装备不足，无法满足处置种类众多、危险特性各异的危险化学品事故的需要。

（案例来源：天津港"8·12"瑞海公司危险品仓库特别重大火灾爆炸事故调查报告）

案例 2：广东深圳光明新区渣土受纳场"12·20"特别重大滑坡事故

一、事故基本情况

红坳渣土受纳场（以下简称红坳受纳场）位于深圳市光明新区光明街道红坳村南侧的大眼山北坡，距德吉程工业园厂房实际最小距离 300 米，距中石油西气东输西二线广深支干线深圳段天然气管道实际最小距离 70 米。

2015 年 12 月 20 日 6 时许，红坳受纳场顶部作业平台出现裂缝，宽约 40 厘米，长几十米，第 3 级台阶与第 4 级台阶之间也出现鼓胀开裂变形。现场作业人员向顶部裂缝中充填干土。9 时许，裂缝越来越大，遂停止填土。11 时 28 分 29 秒，渣土开始滑动，自第 3 级台阶和第 4 级台阶之间、"凹坑"北面坝形凸起基岩处（滑出口）滑出后，呈扇形状继续向前滑移，滑移 700 多米后停止并形成堆积。滑坡体停止滑动的时间约为 11 时 41 分。滑坡体推倒并掩埋了其途经的红坳村柳溪、德吉程工业园内 33 栋建筑物，造成重大人员伤亡。

事故直接影响范围约 38 万平方米，南北长 1100 米，东西最宽处宽 630 米（前缘），最窄处宽 150 米（中部）。事故共造成 73 人死亡，4 人下落不明，17 人受伤（重伤 3 人，轻伤 14 人，目前均已出院）。事故还造成 33 栋建筑物（厂房 24 栋，宿舍楼 3 栋，私宅 6 栋）被损毁、掩埋，导致 90 家企业生产受影响，涉及员工 4630 人。事故调查组依据《企业职工伤亡事故经济损失统计标准》（GB 6721—1986），核定事故造成直接经济损失 88112.23 万元。其中：人身伤亡后支出的费用 16166.58 万元，救援和善后处理费用 20802.83 万元，财产损失价值 51142.82 万元。

事故直接原因：红坳受纳场没有建设有效的导排水系统，受纳场内积水未能导出排泄，致使堆填的渣土含水过饱和，形成底部软弱滑动带；严重超量超高堆填加载，下滑推力逐渐增大，稳定性降低，导致渣土失稳滑出，体积庞大的高势能滑坡体形成了巨大的冲击力，加之事发前险情处置错误，造成重大人员伤亡和财产损失。

二、有关责任单位存在的主要问题

事故企业。益相龙公司、绿威公司是事故主体责任单位。（1）未经正规勘察和设计，违法违规组织红坳受纳场建设施工。（2）现场作业管理混乱，违法违规开展红坳受纳场运营。（3）无视受纳场安全风险，对事故征兆和险情应急处置错误。（4）违法转包红坳受纳场建设运营项目。

深圳市和光明新区有关部门。（1）深圳市城市管理部门违法违规审批许可，未按规定履行日常监管职责，日常监督检查严重缺失。（2）深圳市建设、环保、水务部门未按规定履行建设、环保、水务行政审批许可和日常监管等职责。（3）深圳市规划国土部门违法违规实施用地许可，对违法用地行为未依法查处。

深圳市和光明新区党委政府。（1）光明新区光明党工委、办事处未认真落实安全生产责任，对渣土受纳场安全风险认识不足，未按法定职责组织开展查处违规建设工作，未依法及时查处红坳受纳场未取得用地规划许可证、建设工程规划许可证、施工许可证违规建设的问题。（2）光明新区党工委、管委会未认真贯彻执行党和国家有关安全生产方针政策和法律法规，未按国家和省市部署的安全大检查、隐患排查治理规定要求履行属地监管责任，对渣土受纳场安全风险认识不足，未按规定进行监督管理。（3）深圳市委未认真贯彻落实党的安全生产方针政策和安全生产"党政同责、一岗双责、齐抓共管"的要求，未有效督促深圳市政府及有关部门履行安全生产职责。

中介服务机构。广东华玺建筑设计有限公司违反《广东省建设工程勘察设计管理条例》第九条规定，于红坳受纳场投入运营 19 个月后，在未经任何设计、计算和校审的情况下，以华玺公司设计具名、出具施工设计图纸并伪造出图时间提供给益相龙公司，从中获利。

三、事故主要教训

（1）涉事企业无视法律法规，建设运营管理极其混乱。绿威公司在中标红坳受纳场运营项目后，明知益相龙公司不具备渣土受纳场运营资质，仍将红坳受纳场违法转包给后者。益相龙公司又私自将实际运营权转包给同样不具备渣土受纳场运营资质的林敏武、王明斌等人，以项目顶替债务，违规层层转包，造成责任主体缺失；受纳场建设运营过程中没有按照有关规定进行规划、建设和运营管理；没有设置有效导排水系统，没有排除受纳场原有积水，违规作业，严重超量超高堆填加载。

涉事企业一味追求经济效益，无视安全风险，安全管理极其混乱。没有对员工开展必要的安全生产教育培训，没有设立专兼职安全生产管理机构和配备相应安全管理人员，没有编制应急预案并开展应急处置演练。事发当日，现场管理人员发现受纳场堆积体出现多处裂缝后，违章指挥员工采用填土方式错误处置。情况危急后，未及时报警或报告有关部门，致使受纳场下游企业和附近人员错失了紧急避险时机。

（2）地方政府未依法行政，安全发展理念不牢固。深圳作为一座快速发展起来的特大型城市，人财物大量聚集、高速流动，城市公共安全和安全生产矛盾突出，社会管理工作与经济发展不相适应，尤其是在城市管理、安全生产管理中没有建立完善的风险辨识和防控机制，对城市建设中出现的安全风险认识不足。深圳市政府在推进城市建设过程中，没有牢固树立"发展绝不能以牺牲人的生命为代价"的理念，缺乏依法行政的意识，未能正确处理安全与发展、改革与法治的关系，注重规模效率，忽视法治安全，在前期深圳市规划和国土资源委员会光明管理局提出不同意见的情况下，仍在市长办公会议纪要中强调特事特办，违法违规推动余泥渣土受纳场建设，教训深刻。

光明新区党工委、管委会违法违规实施余泥渣土临时受纳管理和推动红坳受纳场建设运营，在深圳市《建筑废弃物运输和处置管理办法》施行后仍执行与之相冲突的《光明新区余泥渣土临时受纳管理办法（试行）》；对所属部门未依法依规开展渣土受纳场建设审批许可和日常监管的问题失察失管。对群众举报的事故隐患未认真核查并督促整改，对所属部门查办群众举报的事故隐患工作中存在的问题失察失处，致使红坳受纳场的重大事故隐患得以长期存在并继续加重，最终酿成事故。

（3）有关部门违法违规审批，日常监管缺失。深圳市光明新区城市管理局在红坳受纳场建设项目未依法取得有关部门批准的情况下核发临时受纳许可，明知该受纳场层层转包、违法经营，没有依法履行监管职能。光明新区城市建设局未按规定督促红坳受纳场依法办理建设工程施工许可证、水土保持方案和环境影响评价审批手续，未查处其未批先建的行为。深圳市城市管理局未发现并查处红坳受纳场超量超高受纳的问题。深圳市住房和建设局未按规定履行建设执法监督指导职责，未有效监督指导光明新区管委会依法查处红坳受纳场无建设工程施工许可证违规建设问题。深圳市规划国土部门违法违规实施用地许可，对违法用地行为未依法查处。深圳市水务局未对红坳受纳场落实水土保持方案情况进行有效监管。

以上政府部门，未严格履行审批、监管的法定职责，未认真落实"管行业必须管安全"的要求，有法不依，执法不严，违规许可，监管缺失。一些国家工作人员滥用职权、玩忽职守，甚至权钱交易、贪赃枉法，致使红坳受纳场得以长期违法违规建设运营。

（4）建筑垃圾处理需进一步规范，中介服务机构违法违规。随着我国城镇化快速发展，建筑垃圾大量产生。一些城市通过回填、调配使用，基本实现建筑垃圾产生和消纳总体平衡，但在一些建设速度快、地下工程多的城市，消纳场地匮乏，建筑垃圾围城的问题逐步显现，现行的管理制度和标准规范难以适应管理需求，尤其是对于安全风险相对较高的余泥渣土受纳场缺乏具体要求。

华玺公司在明知红坳受纳场已经建设运营的情况下，未经任何设计、计算、校核，直接套改益相龙公司提供的图纸并伪造出图时间，从中牟利。瀚润达公司明知红坳受纳场未批已建，仍依据事故企业提供的无效设计图纸为其编制水土保持方案。

（5）漠视隐患查处举报，整改情况弄虚作假。红坳受纳场存在的重大事故隐患被举报后，负责查处的光明新区城市管理局等部门对现场核实的事故隐患问题未督促整改，仅要求暂时停工，并协调有关部门为事故企业补办水土保持方案和环境影响评价审批手续。弄虚作假回复举报群众和上级部门，谎称事故企业"手续齐全，施工规范"，谎报"打消了信访人的疑虑，加强了对该受纳场的监管"。深圳市、光明新区政府对群众举报的事故隐患重视不够，对负责查处部门存在的问题失察失管。事故企业没有落实隐患排查治理的主体责任，没有整改受纳场存在的事故隐患。

在红坳受纳场疑似违法建设图斑被发现并要求核查后，光明新区光明办事处规划国土监察中队弄虚作假，谎报卫星遥感监测图片为"伪变化"图斑，没有及时查处红坳受纳场的违法违规问题。红坳受纳场事故隐患错失整改机会，酿成大祸。

（案例来源：广东深圳光明新区渣土受纳场"12·20"特别重大滑坡事故调查报告）

附录二　危险化学品事故案例集样本

编号	事故名称	年份	类型	来源
1	天津港"8·12"瑞海公司危险品仓库特别重大火灾爆炸事故	2015	火灾爆炸污染	中华人民共和国应急管理部网站
2	晋济高速公路山西晋城段岩后隧道"3·1"特别重大道路交通危化品燃爆事故	2014	火灾爆炸	中华人民共和国应急管理部网站
3	山东省青岛市"11·22"中石化东黄输油管道泄漏爆炸特别重大事故	2013	爆炸	中华人民共和国应急管理部网站
4	唐山开滦（集团）化工有限公司"3·7"重大爆炸事故	2014	爆炸	河北省应急管理厅网站
5	日照市山东石大科技石化有限公司"7·16"较大着火爆炸事故	2015	火灾爆炸	山东省应急管理厅网站
6	宁波某工业供水管道项目"11·20"较大窒息事故	2013	窒息	浙江省应急管理厅网站
7	浙江衢州市国峰塑料有限公司"5·21"中毒窒息事故	2011	中毒窒息	中国化学品安全协会网站
8	山东滨化滨阳燃化有限公司"1·1"中毒事故	2014	中毒	中国化学品安全协会网站
9	宁夏捷美丰友化工有限公司"9·7"较大氨泄漏中毒事故	2014	中毒	中国化学品安全协会网站
10	重庆开县"12·23"特大井喷事故	2003	火灾中毒窒息	安全管理网
11	河北克尔化工有限公司"2·28"重大爆炸事故	2012	爆炸	安全管理网
12	上海华谊丙烯酸有限公司"6·23"反应器爆燃事故	2013	爆炸	安全管理网
13	汝城县曙光煤矿"5·29"重大火药燃烧事故	2010	爆炸	机电之家网
14	唐山港陆钢铁有限公司"4·3"氮气窒息事故	2013	窒息	佰佰安全网
15	江苏德桥仓储有限公司"4·22"较大火灾事故	2016	火灾	中国工业气体工业协会网站
16	上海志卓成套机械设备有限公司"1·13"较大爆炸事故	2016	爆炸	上海市应急管理局网站

编号	事故名称	年份	类型	来源
17	北京广众源气体有限责任公司"12·14"较大生产安全事故	2009	爆炸火灾	北京市应急管理局网站
18	滨州市沾化区山东海明化工有限公司"3·18"较大爆炸事故	2015	爆炸	山东省应急管理厅网站
19	辽宁抚顺顺特化工有限公司"9·14"爆炸火灾事故	2013	爆炸火灾	辽宁省应急管理厅网站
20	甘肃锦世化工有限责任公司"7·21"中毒事故	2013	中毒	甘肃省应急管理厅网站
21	大广高速扶沟段"6·28"二硫化碳泄漏燃烧事故	2008	火灾	河南省应急管理厅网站
22	连霍高速三门峡义昌大桥"2·1"重大运输烟花爆竹爆炸事故	2013	爆炸	河南省应急管理厅网站
23	睢县城市污水处理厂"9·25"中毒窒息较大事故	2015	中毒窒息	河南省应急管理厅网站
24	巩义市牡丹焊接材料有限公司"3·14"较大容器爆炸事故	2015	爆炸	河南省应急管理厅网站
25	湖北省宜昌枝江市富升化工有限公司"2·19"较大燃爆事故	2015	爆炸火灾	湖北省应急管理厅网站
26	武汉市江夏区拓创产业园"8·26"气雾罐爆炸燃烧较大事故	2015	爆炸火灾	湖北省应急管理厅网站
27	上海三商食品工业有限公司"8·20"较大中毒和窒息事故	2013	中毒窒息	上海市应急管理局网站
28	中国石化股份有限公司上海高桥分公司化工二部"5·13"中毒和窒息死亡事故	2015	中毒窒息	上海市应急管理局网站
29	腾龙芳烃（漳州）有限公司"4·6"爆炸着火重大事故	2015	爆炸火灾	福建省应急管理厅网站
30	平乐县二塘镇"10·2"非法生产爆竹爆炸较大事故	2011	爆炸	广西壮族自治区应急管理厅网站
31	亳州市"1·9"较大中毒事故	2014	中毒	安徽省应急管理厅网站
32	芜湖"10·10"重大瓶装液化石油气泄漏燃烧爆炸事故	2015	爆炸火灾	安徽省应急管理厅网站
33	辽宁连山钼业集团兴利矿业有限公司"12·17"重大火灾事故	2015	火灾	辽宁省应急管理厅网站

编号	事故名称	年份	类型	来源
34	苏州燃气集团横山储罐场生活区办公楼"6·11"重大液化石油气爆炸事故	2013	爆炸	江苏省应急管理厅网站
35	中国石化扬子石油化工有限公司"4·21"爆炸事故	2015	爆炸	江苏省应急管理厅网站
36	靖江市华鑫船舶修理有限公司"7·24"较大爆炸事故	2016	爆炸	江苏省应急管理厅网站
37	南通市顺业酒业有限公司"10·15"较大窒息事故	2016	窒息	江苏省应急管理厅网站
38	魏县宏顺化工原料有限公司"3·29"中毒窒息事故	2013	中毒窒息	中国化学品安全协会网站
39	河北新大东纺织有限公司"10·27"硫化氢中毒事故	2013	中毒	中国化学品安全协会网站
40	西宁火车站改造及相关工程项目机务段改扩建工程"5·24"窒息较大事故	2013	窒息	中国化学品安全协会网站
41	东方市八所港"9·15"丙烯泄漏事故	2015	污染	中国化学品安全协会网站
42	昆明市官渡区东盟联丰农产品商贸中心"3·4"酒精燃爆重大事故	2015	爆炸火灾	中国化学品安全协会网站
43	四川省金路树脂有限公司"3·16"较大中毒和窒息死亡事故	2016	中毒窒息	中国化学品安全协会网站
44	吉林省通化县通化化工股份有限公司"1·18"爆炸事故	2014	爆炸	中国化学品安全协会网站
45	内蒙古泰和煤焦化集团有限公司"4·8"爆炸事故	2014	爆炸	中国化学品安全协会网站
46	江苏如皋双马化工有限公司"4·16"爆炸事故	2014	爆炸	中国化学品安全协会网站
47	四川天森煤化有限公司"5·2"爆炸事故	2014	爆炸	中国化学品安全协会网站
48	安徽省安庆市鑫富化工有限公司"3·27"爆炸事故	2011	爆炸	中国化学品安全协会网站
49	吉林省松原石油化工股份有限公司"11·6"爆炸事故	2011	爆炸	中国化学品安全协会网站
50	中石油大连石化公司储运罐区"8·29"火灾事故	2011	火灾	中国化学品安全协会网站

编号	事故名称	年份	类型	来源
51	中石油大连石化公司"7·16"换热器火灾事故	2011	火灾	中国化学品安全协会网站
52	云南曲靖众一合成化工有限公司"7·7"爆燃事故	2014	爆炸火灾	中国化学品安全协会网站
53	江西九江天赐高新材料有限公司"11·6"较大爆炸事故	2013	爆炸	中国化学品安全协会网站
54	山东省东营市广饶县润恒化工有限公司"10·18"较大中毒事故	2013	中毒	中国化学品安全协会网站
55	山东滨州博兴县诚力供气有限公司"10·8"重大爆炸事故	2013	爆炸	中国化学品安全协会网站
56	湖北省襄阳市保康县红岩湾化工厂"10·3"中毒事故	2013	中毒	中国化学品安全协会网站
57	绍兴市华元化工有限公司"9·14"萘储罐爆炸事故	2013	爆炸	中国化学品安全协会网站
58	甘肃白银乐富化工有限公司"2·16"中毒事故	2012	中毒	中国化学品安全协会网站
59	江苏省盐城市某化工公司"7·28"爆炸事故	2006	爆炸	安全管理网
60	大庆石化"3·3"火灾事故	2005	火灾	安全管理网
61	高密市海屹精细化工科技有限公司"6·2"火灾事故	2012	火灾	安全管理网
62	冶钢"1·12"重大氮气窒息事故	2004	窒息	安全管理网
63	温州市三星乳胶股份有限公司"12·1"燃爆事故	2014	爆炸火灾	安全管理网
64	淄博嘉周热力有限公司"11·8"较大爆炸事故	2016	爆炸	安全管理网
65	杭州萧山污水处理有限公司"2·6"中毒事故	2007	中毒	安全管理网
66	江西"玉茗油壹号"油船重大火灾事故	2004	火灾	安全管理网
67	莘县化肥有限责任公司"7·8"液氨泄漏事故	2002	中毒	安全管理网
68	京沪高速公路淮安段"3·29"液氯泄漏事故	2005	中毒	安全管理网
69	安徽中升药业有限公司"4·18"较大中毒事故	2012	中毒	安全管理网
70	上海翁牌冷藏实业有限公司"8·31"重大氨泄漏事故	2013	中毒	安全管理网
71	兰州石化分公司"8·27"硫化氢中毒事故	2002	中毒	安全管理网

编号	事故名称	年份	类型	来源
72	即墨市青岛九盛纸制品公司"12·25"硫化氢中毒较大事故	2015	中毒	安全管理网
73	江苏省苏州昆山市中荣金属制品有限公司"8·2"特别重大爆炸事故	2014	爆炸	中华人民共和国应急管理部网站
74	山东保利民爆济南科技有限公司"5·20"特别重大爆炸事故	2013	爆炸	中华人民共和国应急管理部网站
75	吉林省长春市宝源丰禽业有限公司"6·3"特别重大火灾爆炸事故	2013	爆炸火灾中毒	中华人民共和国应急管理部网站
76	浙江善高化学公司双氧水车间爆炸火灾事故	2004	爆炸火灾	安全管理网
77	重庆天原化工总厂氯气泄漏爆炸特大事故	2004	爆炸	安全管理网
78	重庆市长寿县长风化工厂二苯甲酮工段泄漏爆炸事故	2001	爆炸	安全管理网
79	中石油大连石化"6·2"爆炸事故	2013	爆炸	安全管理网
80	东营市山东滨源化学有限公司"8·31"重大爆炸事故	2015	爆炸	中华人民共和国应急管理部网站
81	大连中石油国际储运有限公司"7·16"特别重大输油管道爆炸火灾事故	2010	爆炸火灾	中华人民共和国应急管理部网站
82	河南洛染股份有限公司"7·15"爆炸事故	2009	爆炸	安全管理网
83	沪昆高速湖南邵阳段"7·19"特别重大道路交通危化品燃爆事故	2014	爆炸火灾	中华人民共和国应急管理部网站
84	山东省青州市潍坊弘润石油化工助剂总厂油罐爆炸事故	2000	爆炸	中国化学品安全协会网站
85	云南省某工贸开发有限公司炼油厂火灾事故	2004	火灾	中国化学品安全协会网站
86	陕西省渭南某饲料添加剂厂环氧乙烷计量槽爆炸事故	2000	爆炸	中国化学品安全协会网站
87	嘉兴市向阳化工厂"1·4"较大爆炸事故	2012	爆炸	中国化学品安全协会网站
88	鞍山惠丰投资集团有限公司"3·14"中毒窒息事故	2012	中毒窒息	中国化学品安全协会网站
89	江西海晨鸿华化工有限公司"5·16"较大爆炸事故	2012	爆炸	中国化学品安全协会网站

编号	事故名称	年份	类型	来源
90	山东国金化工厂"8·25"较大爆炸事故	2012	爆炸	中国化学品安全协会网站
91	宁夏兴尔泰化工集团有限公司"11·20"较大中毒事故	2012	中毒	中国化学品安全协会网站
92	辽宁建平县鸿燊商贸有限公司"3·1"硫酸泄漏事故	2013	爆炸污染	中国化学品安全协会网站
93	中国化工沈阳石蜡化工有限公司"4·25"硫化氢中毒事故	2013	中毒	中国化学品安全协会网站
94	哈尔滨凯乐化学制品厂"8·5"爆炸事故	2011	爆炸	中国化学品安全协会网站
95	丰原（宿州）生物化工有限责任公司"8·10"中毒死亡事故	2009	中毒	中国化学品安全协会网站
96	宁波江宁化工有限公司"8·7"窒息事故	2013	中毒	中国化学品安全协会网站
97	江苏省宝应县曙光助剂厂"5·29"爆炸事故	2014	爆炸	中国化学品安全协会网站
98	河北唐山华熠实业公司"3·1"较大燃爆事故	2018	爆炸火灾	中国化学品安全协会网站
99	山东省临沂市兰山区九州化工厂"12·29"爆炸事故	2013	爆炸	中国化学品安全协会网站
100	新晃县鲁湘钡业有限公司"9·23"较大爆燃事故	2014	爆炸火灾	中国化学品安全协会网站
101	南京"7·28"丙烯管道泄漏爆燃事故	2010	爆炸火灾	中国化学品安全协会网站
102	江苏盐城氟源化工临海分公司爆炸事故	2006	爆炸	博安云网站
103	兴化化工公司甲醇储罐爆炸燃烧事故	2008	爆炸火灾	机电之家网
104	某钢铁公司制氧厂"8·21"制氧机燃爆事故	2000	爆炸火灾	《化工安全与环境》杂志
105	山东省乳山合和食品有限公司"11·28"液氨泄漏中毒窒息事故	2013	中毒窒息	新乡市应急管理局网站
106	废液除硫环保科研实验项目"11·11"生产安全事故	2012	中毒	化工安全教育公共服务平台

编号	事故名称	年份	类型	来源
107	江西省萍乡市上栗县正大出口花炮厂"6·17"烟花爆竹较大爆炸事故	2015	爆炸	安全文化网
108	中国石油吉化分公司双苯厂"11·13"爆炸事故	2005	爆炸	中国网
109	佛山市三水区"3·15"较大中毒事故	2015	中毒	佛山市人民政府网站
110	山西省晋城市阳城县瑞兴化工有限责任公司"5·16"中毒事故	2015	中毒	湖北省化学品安全协会网站
111	中国化工集团公司沧州大化 TDI 有限责任公司"5·11"爆炸事故	2007	爆炸	中国网
112	灯塔北方化工有限公司"4·24"较大中毒窒息事故	2014	中毒窒息	化工安全教育公共服务平台
113	潍坊滨海香荃化工有限公司"4·9"较大中毒窒息事故	2015	中毒窒息	化工安全教育公共服务平台
114	兴隆县天利海香精香料有限公司"4·9"火灾事故	2016	火灾	中新网
115	大名县福泰生物科技有限公司"4·1"中毒窒息事故	2016	中毒窒息	《现代班组》杂志
116	冠县新瑞实业有限公司"2·8"较大闪爆事故	2015	爆炸	新浪网
117	四川仁寿富加输气站输气管线"1·20"泄漏爆炸事故	2006	爆炸	新华网
118	江苏昆山康大医药化工公司"1·13"反应釜爆炸事故	2007	爆炸	天天快报网
119	潍坊长兴化工有限公司"1·9"较大氟化氢泄漏中毒事故	2016	中毒	天天快报网
120	广西壮族自治区河池市广维化工股份有限公司"8·26"爆炸事故	2008	爆炸	易安网

附录三 案例分词结果

第1类：危险化学品类事故案例分词结果

案例1：江苏省苏州昆山市中荣金属制品有限公司"8·2"特别重大爆炸事故

车间/n/12 除尘/vn/12 粉尘/n/10 事故/n/8 系统/n/8 发生/v/7 生产/vn/6 爆炸/vn/8 抛光/vn/4 昆山/ns/4 风机/n/4 除尘器/n/4 温度/n/4 安全/an/4 开发区/n/3 中荣/nr2/3 开启/v/3 管道/n/3 形成/v/3 放热/v/3 简称/v/3 以下/f/38 月/t/2 员工/n/22 日/t/234 分/t/2 清理/v/2 造成/v/2 苏州市/ns/2 昆山市/ns/22014 年/t/2 受潮/vi/2 反应/vi/2 上方/f/2 死亡/vi/2 过程/n/2 规定/n/2 公司/n/2 产生/v/2 集聚/v/3 系列/n/2 达到/v/2 引燃/v/2 厂房/n/2 工位/n/2 一定/b/2 原因/n/2 设计/vn/2 违规/vn/3 高温/n/2 上班/vi/110 分/t/1 开始/v/1 作业/vi/1 冲击波/n/1 传播/vn/1 当场/d/1 当天/t/1 医院/n/1 抢救/v/1 无效/vi/1 受伤/vi/1 设备/n/1 时间/n/1 打磨/v/1 颗粒/n/1 锈蚀/vi/1 破损/vi/1 氧化/vi/1 损毁/v/1 位于/v/1 江苏省/ns/1 经济/n/1 引发/v/1 技术/n/1 没有/v/1 装置/n/1 气体/n/1 燃烧/v/1 瞬间/t/1 金属/n/1 导致/v/1 所有/b/1 制品/n/1 操作/vn/1 人员/n/1 直接/ad/1 受到/v/1 冲击/vn/1 沉积/vn/1 启动/v/1 每套/r/1 负责/v/1 有限公司/n/1 生产线/n/1 通过/p/1 进入/v/1 集落/vn/1 上部/f/1 空间/n/1 爆炸性/n/1 具有/v/1 台商/n/1 初始/b/1 表面积/n/1 铁锈/n/1 反应/vn/1 加速/vi/1 升高/v/1 无视/v/1 国家/n/1 法律/n/1 违法/vd/2 组织/v/1 项目/n/1 建设/vn/1 独资/b/1 主要/b/1 企业/n/1 工艺/n/1 布局/n/1 制造/vn/1 安装/v/1 改造/vn/1 严重/a/1 特别/d/1 管理/vn/1 混乱/an/1 防护/vn/1 措施/n/1 重大/a/1 落实/v/1 红线/n/1 意识/n/1 工作/vn/1 重视/v/1 不够/a/1 重要/a/1

案例2：晋济高速公路山西晋城段岩后隧道"3·1"特别重大道路交通危化品燃爆事故

隧道/n/18 甲醇/n/14 车辆/n/13 车道/n/11 列车/n/8 发现/v/7 右侧/f/7 罐体/n/6 引燃/v/6 左侧/f/6 泄漏/v/5 燃烧/v/5 高速公路/n/5 冯国强/nr/5 押运/v/51 日/t/4 起火/vi/4 造成/v/4 事发/vi/4 行驶/vi/4 泄漏/vn/43 月/t/4 汤天才/nr/414 时/t/345 分/t/3 位于/v/3 运输/vn/3 措施/n/3 事故/n/3 李建云/nr/3 驾驶员/n/3 通行/vi/3 排队/vd/3 等候/v/3 装载/v/3 尾部/n/3 质量/n/3 情况/n/2 出现/v/2 车身/n/2 前方/s/2 进入/v/2 驾驶/v/2 牛冲/nr/2 运输车/n/2 危险/a/2 前方/f/2 以下/f/2 简称/v/2 滞留/v/2 碰撞/v/2 以北/f/2 运往/v/2 制动/vn/2 入口/n/2 向前/vi/2 形成/v/2 迅速/ad/2 人员/n/2 缓慢/a/21/m/2 发生/v/2 电气/n/2 短路/vi/2 周围/f/2 可燃/b/2 进而/c/2 采取/v/2 挂车/n/2 油泵/n/2 绝缘层/n/2 导

线/n/2 安全/an/2 生产/vn/2 货车/n/2 违规/vd/2 部门/n/2 高速/b/2 公路/n/2 管理/vn/2 持续/vd/1 应急/vn/143 分/t/128 日/t/1 洛阳/ns/1 轻型/b/1 河南省/ns/1 博爱县/ns/1 看到/v/1 排队/vi/1 缓慢/ad/1 没有/v/1 驶入/v/1 突然/ad/1 大约/d/15/m/1 紧急/a/1 仍/d/1 致使/v/1 一起/s/1 设施/n/1 断裂/vi/1 损坏/vn/1 车门/n/1 下车/vi/1 观察/v/12014 年/t/1 关闭/v/1 山西省/ns/1 根部/n/1 晋城市/ns/1 要求/v/1 泽州县/ns/1 移动/vn/1 该车/r/1 移动/v/1 山西/ns/1 中部/f/1 地面/n/1 晋城/ns/1 流淌/v/1 相撞/vi/1 没有/d/1 附近/f/14/m/1 煤车/n/1 面包车/n/1 由于/c/1 气象/n/1 地势/n/1 影响/vn/1 气流/n/1 另外/rz/1 烟囱/n/1 效应/n/1 产生/v/1 高温/n/1 有毒/vn/1 化学品/n/1 出口/vi/1 蔓延/vi/1 着火/vi/1 南口/ns/1 警示/vn/1 煤炭/n/1 后方/s/1 当时/t/1 部分/m/1 驾车/vi/1 逃生/vi/1 成功/ad/1 其中/rz/1 伤势/n/1 过重/v/1 抢救/v/1 无效/vi/1 死亡/vi/15 分/t/1 距离/p/1 出口/vn/1 甲醚/n/1 引爆/v/1 受热/vi/1 爆炸/v/1 解体/vi/1 导致/v/1 全部/m/1 烧毁/v/1 受损/vi/1 严重/a/150 分/t/1 全线/n/1 降雪/vi/1 相继/d/1 封闭/v/17 时/t/110 分/t/1 及时/ad/1 牵引车/n/1 牵引/vn/1 解除/v/1 小干/v/1 罐式/b/1 交通/n/1 管制/vn/1 整备/v/111 时/t/1 存在/v/1 超载/v/1 行为/n/1 影响/v/1 刹车/n/1 制动/vi/1 原因/n/1 下方/f/1 焊缝/n/1 撕裂/v/1 标准/n/1 规定/n/1 安装/v/1 紧急/ad/1 切断/v/1 发动机/n/1 高压/n/1 路段/n/1 位移/v/1 启动/v/1 正极/n/1 车流量/n/1 破损/vi/1 逐渐/d/1 输油管/n/1 空心/b/1 螺栓/n/1 增加/v/112 时/t/1 主体/n/1 责任/n/1 泽州/ns/1 落实/v/1 煤焦/n/1 管理站/n/1 收费站/n/1 设置/v/1 指挥/vn/1 加重/v/1 拥堵/vn/1 销售/vn/1 合格/vi/1 产品/n/1 有关/vn/1 方向/n/1 货物/n/1 道路/n/1 监管/vn/1 不力/a/1 增多/v/1 开始/v/113 时/t/1 拥堵/v/1 信息/n/1 处置/v/1 到位/vi/1 检测/vn/1 公司/n/1 出具/v/1 检验/vn/1 报告/n/1

案例3：山东省青岛市"11·22"中石化东黄输油管道泄漏爆炸特别重大事故

管道/n/21 原油/n/14 现场/s/14 泄漏/v/25 输油/v/10 潍坊/ns/10 排水/vi/8 人员/n/8 左右/f/8 发生/v/7 分公司/n/7 事故/n/6 中心/n/6 石化/n/6 报告/n/6 输油管/n/6 爆炸/vn/5 黄岛/ns/5 油库/n/5 抢修/vn/52 时/t/5 调度/vn/425 分/t/4 青岛/ns/4 破碎/v/4 路面/n/411 月/t/322 日/t/310 时/t/3 积聚/v/3 作业/n/3 安全/an/3 海水/n/3 爆炸/v/3 不力/a/3 通知/n/3 位于/v/3 油气/n/3 海上/s/3 倒灌/v/2 处于/v/2 影响/vn/2 导致/v/2 造成/v/2 组织/v/2 清理/vn/2 请求/v/2 排水/vn/2 进入/v/2 混合/vn/2 形成/v/2 气体/n/2 空间/n/2 物资/n/2 火花/n/24 时/t/2 生产/vn/2 落实/v/2 隐患/n/2 排查/v/2 治理/v/2 运销/v/2 处处/d/2 情况/n/25 时/t/230 分/t/2 处长/n/22013 年/t/2 确认/v/27 时/t/2 因素/n/2 挖掘机/n/29 时/t/2 工作/vn/2 盖板/n/2 采用/v/2 关闭/v/2 截断/v/2 液压/n/2 公里/q/2 打孔/vi/2 作业/vi/2 腐蚀/v/23 时/t/220 分/t/2 破裂/vi/2 维修/vn/240 分/t/2 位置/n/2 秦皇岛/ns/2 山东省/ns/1 经济/n/1 技术/n/1 开发区/n/1 中国/ns/1 石油/n/1 化工/n/1 股份/n/1 有限公司/n/1 市政/n/1 密闭/vn/112 分/t/1 通过/p/1 数据/n/1 采集/vn/1 监视/

vn/1 控制/vn/1 系统/n/1 发现/v/1 输油/vn/1 压力/n/1 电话/n/1 操作/vn/1 判断/v/1 紧急/ad/135 分/t/1 下游/f/1 最近/t/150 分/t/1 运销/vn/157 分/t/1 到达/v/1 交叉口/s/1 调用/v/1 抢险/vn/1 救灾/vn/1 开挖/v/1 安排/v/1 清理/v/147 分/t/1 燃烧/v/2 处理/v/1 决定/v/1 打开/v/1 使用/v/1 动用/v/16 时/t/1 实施/v/1 开挖/vn/2 期间/f/1 时间/n/1 交汇/v/1 流入/v/1 露出/v/18 时/t/1 找到/v/1 处置/v/1 产生/v/1 撞击/v/1 引发/v/1 由于/c/1 交叉/v/1 区域/n/1 土壤/n/1 盐碱/n/1 地下水/n/1 氯化物/n/1 含量/n/1 同时/c/1 随着/p/1 潮汐/n/1 变化/vn/1 处置/vn/1 开展/v/1 长期/d/115 分/t/1 交替/vi/1 腐蚀/vn/1 环境/n/1 加之/cc/1 受到/v/1 道路/n/1 承重/vi/1 振动/vn/1 按照/p/1 预案/n/1 加速/vd/1 成立/vi/1 路桥/ns/1 东侧/f/1 墙体/n/1 厘米/q/1 下部/f/1 计算/v/1 认定/v/1 部分/n/1 大部分/m/1 穿越/v/1 直接/ad/1 挥发/vi/1 指挥部/n/1 空气/n/1 易燃易爆/al/1 做好/v/1 组织/n/1 相对/d/1 密闭/vi/1 由于/p/1 小时/n/1 蔓延/vi/1 扩散/v/1 最终/d/1 范围/n/1 连续/ad/1 企业/n/1 指挥/v/1 无法/v/1 主体/n/1 责任/n/1 总体/n/1 独立/ad/1 完成/v/1 支援/vn/1 彻底/a/1 贯彻/v/1 国家/n/1 法律/n/1 法规/n/107 分/t/1 履行/v/1 职责/n/1 深入/a/1 地段/n/1 规划/n/1 建设/vn/1 混乱/an/1 相关/vn/1 部门/n/1 风险/n/1 失误/vi/1 应急/vd/1 响应/v/1

案例 4：山东保利民爆济南科技有限公司"5·20"特别重大爆炸事故

生产/vn/7 震源/n/65 月/t/5 起爆/v/5 安全/an/5 乳化/vi/5 炸药/n/5 工房/n/4 利民/v/4 生产/v/4 发生/v/4 太安/nr2/3 爆炸/vn/3 济南/ns/3 直径/n/3 工作/vn/3 公司/n/3 事故/n/218 日/t/2 配料/n/22013 年/t/2 毫米/q/2 开始/v/2 相关/vn/220 日/t/2 开启/v/2 设备/n/2 加料/v/2 化工/n/2 车间/n/2 管理/vn/2 监管/vn/2 保利/nz/2 集团/n/2 雷管/n/1 产生/v/1 存放/v/1 当班/vn/1 室内/s/119 日/t/1 生产线/n/1 停产/vi/1 早班/n/1 准备/v/1 完毕/vi/1 正常/a/110 时/t/1 同时/c/1 岩石/n/1 随后/f/1 陆续/d/1 技术员/n/1 检验/v/151 分/t/1 人员/n/1 进入/v/1 位于/v/1 班组长/n/1 山东省/ns/1 一起/s/1 先后/d/1 三包/n/1 调查/v/1 核实/v/1 剩余/vn/1 放在/v/1 章丘市/ns/1 西侧/f/1 科技/n/1 搅拌机/n/1 加入/v/1 突然/ad/1 有限公司/n/1 回收/vn/1 复用/vn/1 过程/n/1 混入/v/1 提高/v/1 危险/a/1 受到/v/1 强力/n/1 摩擦/vn/1 挤压/vn/1 撞击/vn/1 瞬间/t/1 引爆/v/1 从而/c/1 其他/rzv/1 部位/n/1 法制/n/1 意识/n/1 极其/d/1 淡薄/a/1 当班/vi/1 混乱/an/1 长期/b/1 违法/vn/2 违规/vn/3 组织/n/1 改变/v/1 工艺/n/1 增加/v/1 品种/n/1 超员/v/1 超量/vd/1 进行/vx/1 维修/vn/1 基建/n/1 施工/vn/1 弄虚作假/vl/1 规避/v/1 其中/rz/1 重视/v/1 监督/vn/1 不力/a/1 地方/n/1 行业/n/1 主管/vn/1 部门/n/1 扎实/a/1 得力/a/1

案例 5：吉林省长春市宝源丰禽业有限公司"6·3"特别重大火灾爆炸事故

车间/n/12 蔓延/vi/9 厂房/n/9 火势/n/8 宝源丰/nr/6 人员/n/6 安全/an/6 区域/n/6 燃烧/

v/6 发生/v/6 氨气/n/5 公司/n/5 管道/n/4 发现/v/4 火灾/n/4 爆炸/vn/4 高温/n/4 大量/m/4 产生/v/4 逃生/vi/4 员工/n/4 聚苯乙烯/n/4 设备/n/4 聚氨酯/36 时/t/3 物理/n/3 生产/vn/3 更衣室/n/3 职责/n/3 导致/v/3 冷库/n/3 泄漏/vn/3 介入/v/3 燃烧/vn/3 迅速/ad/36 月/t/23 日/t/210 分/t/2 部分/m/2 吊顶/n/2 附属/vn/2 引燃/v/2 可燃/b/2 当日/t/2 最先/d/2 进行/vx/2 泡沫/n/2 材料/n/2 同时/c/2 部位/n/2 上部/f/2 起火/vi/2 泡沫塑料/nl/2 左右/f/2 通道/n/2 西侧/f/2 出口/vn/2 落实/v/2 消防/b/2 部门/n/2 履行/v/2 部分/n/2 不力/a/2 建设/vn/2 监管/vn/2 附近/f/1 外面/f/1 南侧/f/1 中间/f/1 上层/f/1 窗户/n/1 黑色/n/1 浓烟/n/1 火情/n/1 初期/f/1 扑救/v/1 有效/a/1 控制/vn/1 逐渐/d/1 整个/b/1 北面/f/1 速冻/vn/1 方向/n/1 西北部/f/1 螺旋/n/1 速冻机/n/1 输送/v/1 回收/vn/1 管线/n/1 得到/v/1 上方/f/1 屋顶/n/1 位于/v/1 吉林省/ns/1 长春市/ns/1 其余/rz/1 西面/f/1 毗连/vi/1 配电/v/1 电气/n/1 线路/n/1 短路/vi/1 德惠市/ns/1 周围/f/1 吉林/ns/1 有限公司/n/1 以下/f/1 造成/v/1 简称/v/1 主要/b/1 原因/n/1 特别/d/1 重大/a/1 使用/v/1 事故/n/15 时/t/1 保温/a/120 分/t/150 分/t/1 致使/v/1 陆续/d/12013 年/t/1 燃点/v/1 速度/n/1 具有/v/1 属区/n/1 房间/n/1 衣柜/n/1 衣物/n/1 办公/vn/1 用具/n/1 工作/vn/1 密集/a/1 分隔/vi/1 空间/n/1 连通/v/1 运输/vn/1 天气/n/1 温度/n/1 起火/vn/1 影响/vn/1 大面积/d/1 有毒/vn/1 伴有/v/1 泄漏/v/1 毒害/n/1 物质/n/1 企业/n/1 通常/d/1 复杂/a/1 南部/f/1 上班/vi/1 直通/v/1 室外/s/1 无法/v/1 及时/ad/1 没有/v/1 报警/vn/1 装置/n/1 计划/n/1 知情/vi/1 加之/cc/1 没有/d/1 来得及/v/1 通知/n/1 疏散/v/1 一些/mq/1 丧失/v/1 最佳/z/1 时机/n/1 安全/a/1 培训/vn/1 组织/vn/1 应急/vn/1 疏散/vn/1 演练/vn/1 缺乏/v/1 自救/vi/1 互救/v/1 知识/n/1 能力/n/1 屠宰/v/1 主体/n/1 责任/n/1 根本/d/1 加工/vn/1 肉鸡/n/1 公安/n/13.79 万/m/1 现场/s/1 监督/vn/1 管理/vn/1 人数/n/1 其中/rz/1 工程/n/1 项目/n/1 监管/v/1 严重/ad/1 监管部门/u/1 综合/vn/1 到位/vi/1 地方/n/1 政府/n/1

案例 6：日照市山东石大科技石化有限公司 "7·16" 较大着火爆炸事故

发生/v/10 液化/vn/9 球罐/n/7 安全/an/7 石油气/n/67 时/t/5 生产/vn/5 科技/n/5 消防/b/5 进行/vx/5 爆炸/vn/4 事故/n/4 过程/n/4 公司/n/4 关闭/v/4 注水/vi/4 现场/s/4 后/f/4 通过/p/3 根部/n/3 罐内/s/3 作业/vi/3 作业/39 时/t/3 设备/n/3 检验/vn/3 导致/v/3 人员/n/3 救援/vn/3 无法/v/3 落实/v/3 监管/vn/3 职责/n/37 月/t/216 日/t/239 分/t/2 连接/v/2 采取/v/2 底部/f/2 泄漏/v/2 火炬/n/2 总管/n/2 着火/vi/2 引起/v/2 排水/vn/2 水线/n/2 剧烈/ad/2 舞动/v/2 低压/n/2 瓦斯/n/2 区域/n/2 爆炸/v/22015 年/t/2 放空/vi/2 方法/n/227 分/t/237 分/t/2 违规/vd/2 产生/v/2 本次/r/2 原因/n/2 气动/b/2 手动/b/2 安全阀/n/2 不力/a/2 最后/f/2 导入/v/1 倒入/v/1 后手/n/1 处于/v/1 状态/n/1 液化气/n/1 隔断/v/1 当班/vn/1 小时/n/1 时间/n/1 上午/t/1 同时/n/1 外来/b/1 施工/vn/1 女工/n/1 脚手架/n/1 从事/vi/1 清漆/n/138 秒/t/1 脱水/vn/1 泄漏/vn/1 地面/n/1 上浮/v/1 越来越/d/138 分/t/124 秒/t/1 山东/ns/1 石化/n/120 秒/t/1 有限公司/n/1 以下/f/1 简称/v/116

分/t/1 相邻/vi/1 申请/v/115 秒/t/1 罐体/n/1 撕裂/v/1 山东省/ns/156 秒/t/1 特种/b/1 研究院/n/1 形成/v/1 蘑菇云/n/1 日照/ns/12 月份/t/1 倒塌/v/1 开始/v/1 上下/f/1 管线/n/1 陆续/d/1 支架/n/1 设施/n/1 不同/a/1 程度/n/1 损坏/vn/1 第一/m/1 压力/n/1 指挥部/n/1 组织/v/1 撤离/v/1 容器/n/1 制定/v/1 维持/v/1 稳定/an/1 燃烧/v/117 日/t/17 点/t/124 分/t/1 左右/f/1 着火点/n/1 顶部/f/1 阀门/n/1 明火/n/1 全部/m/1 定期/b/1 置换/v/1 致使/v/1 完成/v/1 静电/n/1 放电/vn/1 之外/f/1 金属/n/1 接口/n/1 捆绑/vn/1 铁丝/n/1 管道/n/1 撞击/v/1 火花/n/1 监守/v/1 其它/rz/1 直接/a/1 为了/p/1 由于/p/1 没有/v/1 仪表/n/1 检测/vn/1 临时/d/1 改为/v/1 操作/vn/1 加压/vi/1 储罐/n/1 周边/n/1 火势/n/1 同时/c/1 进入/v/1 打开/v/1 紧急/ad/1 切断/v/1 方式/n/1 阻止/v/1 继续/v/1 前后/f/1 隔离/vi/1 系统/n/1 安全/a/1 重要/a/1 防范/vn/1 措施/n/1 正常/ad/1 使用/v/1 后果/n/1 扩大/v/1 主要/b/1 主体/n/1 责任/n/1 分院/n/1 通过/v/1 中国/ns/1 石油/n/1 大学/n/1 华东/ns/1 责任制/n/1 负有/v/1 临时/b/1 水井/nrj/1 部门/n/1 履行/v/1 到位/vi/1 排水/vi/1 地方/n/1 政府/n/1

案例7：重庆天原化工总厂氯气泄漏爆炸特大事故

氯化/v/14 盐水/n/10 腐蚀/v/9 爆炸/vn/8 发生/v/6 穿孔/v/6 储罐/n/6 冷凝器/n/5 造成/v/5 处理/vn/5 氯气/n/5 事故/n/4 爆炸/v/4 腐蚀/vn/4 进行/vx/4 导致/v/3 泄漏/vn/3 设备/n/3 技术/n/316 日/t/3 大量/m/3 振动/vn/3 系统/n/3 装置/n/3 原因/n/2 地面/n/22004 年/t/2 过程/n/2 生成/v/2 使用/v/2 富集/vn/24 月/t/2 试验/vn/2 现象/n/2 未能/v/2 发现/v/21 月/t/2 进入/v/2 重庆/ns/2 富集/v/2 启动/v/2 形成/v/2 高浓度/n/2 处理/v/2 资料/n/2 检验/vn/2 抢险/vn/1 突然/ad/1 听到/v/1 连续/a/1 罐体/n/1 破裂/vi/1 解体/vi/1 中心/n/1 半径/n/1 范围/n/1 建筑物/n/1 散落/v/1 碎片/n/1 根据/p/1 大学/n/1 鉴定/vn/1 专家/n/1 分析/vn/1 流失/vn/1 主要/b/1 冷却/vn/1 存在/v/1 作用/n/1 水分/n/1 由于/p/1 离子/n/1 电位差/n/1 管材/n/1 产生/v/1 电化学/n/115 日/t/1 焊接/v/1 应力/n/1 时间/n/1 化工/n/1 总厂/n/1 分厂/n/1 泄漏/v/1 明显/ad/1 及时/ad/1 凌晨/t/11992 年/t/1 排污/vi/1 冷冻/vn/1 岗位/n/1 罐/ng/1 蒸发/vn/1 全厂/n/1 停车/vi/1 具有/v/1 危险/a/1 演变/vi/1 达到/v/1 浓度/n/1 左右/m/1 引起/v/1 厂方/n/1 现场/s/1 泵/n/1 人员/n/1 未经/d/1 指挥部/n/1 同意/v/1 加快/v/1 速度/n/1 危险性/n/1 认识/v/1 不足/a/1 情况/n/1 停止/v/1 判断/v/1 失误/vi/1 凭借/p/1 以前/f/1 操作/v/1 经验/n/1 自行/d/1 计量/vi/1 气化/vn/1 器/n/1 状态/n/1 粉碎/v/1 空气/n/1 接触/vn/1 首先/d/1 巨大/a/1 能量/n/1 通过/p/1 管道/n/1 传递/v/1 搅动/v/1 该厂/r/1 压力/n/1 容器/n/1 管理/vn/1 混乱/an/1 档案/n/1 急于求成/vl/1 分离器/n/1 任何/rz/1 报告/n/11996 年/t/13 月/t/1 投入/v/12001 年/t/1 维修/vn/1 保养/vn/1 检查/vn/1 记录/n/1 致使/v/1 及早/d/1 采取/v/1 措施/n/1 安全/an/1 生产/vn/1 责任制/n/1 落实/v/1 到位/vi/1

案例8：安徽中升药业有限公司"4·18"较大中毒事故

车间/n/8 平台/n/6 何鲁/nr/6 现场/s/5 釜/w/5 左右/f/4 配料/n/4 光气/n/4 蒸汽/n/4 企业/n/4 生产/vn/319 时/t/330 分/t/3 王陆生/nr/3 进行/vx/3 甲苯/n/3 汪石富/ᴵᴵᴵ/3 安全/an/3 随后/d/34 月/t/2 准备/vn/218 日/t/218 时/t/2 苯胺/n/2 固体/n/2 工作/vn/2 发生/v/2 交接班/n/2 已经/d/2 班长/n/2 阀门/n/2 人员/n/2 此时/r/2 存在/v/2 加热/vi/213 时/t/1 公司/n/1 总经理/n/1 生来/d/1 陶方义/nr/1 指导/vn/1 合成/v/1 投入/v/11500kg/n/1 1300kg/n/1 搅拌/vn/1 升温/vn/1 回流/n/1 用以/d/1 溶解/v/1 离开/v/1 吃饭/vi/1 遇见/v/1 交代/v/1 宿舍/n/1 休息/vn/1 晚饭/n/1 完成/v/1 里面/f/1 进去/vf/1 安徽/ns/1270kg/n/1 溶剂/n/1 药业/n/1 有限公司/n/110 分/t/1 提前/v/1 中毒/vn/1 事故/n/1 看见/v/1 上午/t/1 带领/v/1 螺栓/n/12012 年/t/1 开启/v/1 搅拌器/n/1 慈正和/nr/1 吴世文/nr/1 操作/v/1 完毕/vi/1 操作/vn/1 相关/vn/1 听见/v/1 发出/v/1 类似/a/1 汽车/n/1 轮胎/n/1 爆裂/vi/1 大量/m/1 黄色/n/1 气体/n/1 设备/n/1 立即/d/1 检查/vn/1 关闭/v/1 真空泵/n/1 其他/rzv/1 先后/d/1 撤离/v/1 过程/n/1 不同/a/1 程度/n/1 调试/v/1 原料/n/1 下班/vi/1 路过/v/1 何卫兵/nr/1 救护/v/1 何鲁时/nr/1 直接/ad/1 致使/v/1 高温/n/1 分解/v/1 泄露/v/1 非法/b/1 生产/v/1 装置/n/1 工艺/n/1 前期/f/1 准备/v/1 隐患/n/1 管理/vn/1 漏洞/n/1 教育/vn/1 培训/vn/1 到位/vi/1 防范/vn/1 救援/vn/1 不力/a/1

案例9：天津港"8·12"瑞海公司危险品仓库特别重大火灾爆炸事故

硝化棉/n/14 集装箱/n/12 天津市/ns/12 监管/vn/12 日常/b/9 温度/n/9 发生/v/9 爆炸/vn/9 瑞海/nr2/8 安全/an/8 规定/n/8 货物/n/8 开展/v/7 公司/n/7 违规/vn/7 违法/vn/7 部门/n/6 滨海/n/6 新区/n/6 分解/v/6 湿润/v/6 硝酸铵/n/6 审批/vn/6 玩忽职守/vl/6 以上/f/5 管理/vn/5 进行/vx/5 存在/v/5 燃烧/v/5 海关/n/5 天津/ns/5 许可/vn/5 危险/a/5 散失/vi/4 大量/m/434 分/t/4 自燃/vn/4 仓库/n/4 危险品/n/4 升高/v/4 作用/n/4 严重/ad/4 423 时/t/4 交通/n/4 运输/vn/4 项目/n/4 第一/m/4 监督/vn/4 经营/vn/4 危险/an/4 棉/ng/38 月/t/3 化学品/n/3 达到/v/3 引起/v/3 生产/vn/3 金属/n/3 违规/v/3 硅/n/3 出现/v/3 高温/n/3 爆炸/v/3 行政/n/3 致使/v/3 局部/n/3 破损/vi/3 包装/n/3 现场/s/3 中/f/3 钙/n/3 检查/vn/3 认真/ad/3 落实/v/3 有关/vn/3 工作/vn/3 干燥/an/2 事故/n/2 情况/n/2 过程/n/2 南侧/s/2 散落/v/2 箱/ng/2 其他/rzv/2 制成/v/2 乙醇/n/2 酒/n/2 采用/v/2 重大/a/2 装入/v/2 塑料袋/n/2 硫化钠/n/2 装卸/v/2 作业/n/2 问题/n/2 出口/vn/2 如果/c/2 包装/v/2 挥发/vi/2 气温/n/2 环境/n/2 热量/n/2 氯/n/2 因素/n/2 场所/n/2 加速/vd/2 随着/p/2 履行/v/2 持续/vd/2 由于/c/2 规划/n/2 经营/v/2 违规/vd/2 企业/n/2 加快/v/2 培训/vn/206 秒/t/237 秒/t/2 第二/m/2 港口/n/2 违法/vd/2 剧烈/a/2 形成/v/2 火焰/n/2 不断/d/22015 年/t/2 审查/vn/2 职责/n/212 日/t/2 单位/n/2 弄虚作假/vl/2 系统/n/2 执法/vn/2 位于/v/2 评价/vn/2 机构/n/2 天津港/ns/2 贯彻/v/2 有限公司/n/2 法律/n/2 法规/n/2 指导/vn/2 到位/vi/2 相继/d/1 引燃/v/1 介入/v/1 蔓延/vi/1 邻近/n/1 常温/n/1 稳定/

an/1 高压/n/1 还原剂/n/1 开始/v/1 加速/vi/1 剧烈/ad/1 速度/n/1 实验/n/1 证明/v/1 小时/n/1 超过/v/1 分解/vn/1 西北/s/1 方向/n/1 装有/v/1 硝酸钾/n/1 硝酸/n/1 甲醇/n/1 钠/n/1 镁/n/1 氧化剂/n/1 易燃/a/1 固体/n/1 腐蚀/v/1 受到/v/1 蔓延/vn/1 以及/cc/1 冲击波/n/1 影响/vn/1 天气/n/1 放热/v/1 相邻/vn/1 时间/n/1 大面积/d/1 导致/v/1 堆放/v/1 采取/v/1 工艺/n/1 国际/n/1 物流/n/1 以下/f/1 简称/v/1 作为/p/1 半成品/n/1 库存/vn/1 根据/p/1 客户/n/1 需要/n/1 改为/v/1 特别/d/1 火灾/n/1 之后/f/122 时/t/1 人工/b/151 分/t/1 方式/n/146 秒/t/1 封口/vi/1 绳/ng/1 员工/n/1 反映/v/1 道/qv/195/m/1 号/q/1 野蛮/a/1 操作/vn/1 北纬/b/1 装箱/vn/1 样品/n/1 挥发性/n/1 东经/b/1 分析/vn/1 测试/vn/1 表明/v/1 地理/n/1 密封/vn/1 不好/a/1 一定/b/1 方位/n/1 小时/q/1 全部/m/1 事发/vi/1 当天/t/1 最高/a/1 示意图/n/1 实验/v/1 证实/v/1 耦合/vn/1 反应/vi/1 产生/v/11/m/1 散热/vn/1 条件/n/1 积聚/v/1 储存/v/1 申报/v/1 装船/vi/1 极其/d/1 混乱/a/1 简称/n/1 属于/v/1 栅栏/n/1 主体/n/1 责任/n/1 隐患/n/1 长期/d/1 违反/v/1 城市/n/1 总体/n/1 外界/n/1 控制/v/1 详细/ad/1 规划/v/1 隔离/vn/1 正当/a/1 手段/n/1 获得/v/1 批复/vn/1 申请/v/1 存放/v/1 严重/a/1 超负荷/b/1 超量/vd/1 存储/v/1 设立/v/1 超高/b/1 批准/v/1 搬运/vn/1 主要/d/1 要求/n/1 危险/n/1 登记/v/1 备案/vi/1 教育/vn/1 用于/v/1 报关/vn/1 最先/d/1 起火/vi/1 制定/v/1 应急/vn/1 预案/n/1 组织/n/1 演练/vn/16/m/1 大火/n/1 委员会/n/1 数十/m/1 管理局/n/1 滥用/v/1 职权/n/1 实施/v/1 火/n/114 日/t/116 时/t/140 分/t/1 明火/n/1 扑灭/v/1 分析/v/1 集团/n/1 周围/f/1 方面/n/1 个别/a/1 气体/n/1 箱内/s/1 压力/n/1 监管部门/n/1 大/a/1 面积/n/1 也/d/1 罐/ng/1 国土/n/1 资源/n/1 行为/n/1 市场/n/1 质量/n/1 海事/n/1 考核/vn/1 规范/v/1 开箱/v/1 检查/v/1 公安/n/1 萘/n/1 氢/ng/1 一/m/1 甲基/n/1 消防/b/1 烷/n/1 环境保护局/nt/1 审核/vn/1 保护/v/1 严格/ad/1 执行/v/1 竣工/vi/1 验收/v/1 市委/n/1 人民政府/nl/1 党委/n/1 政府/n/1 全面/ad/1 甲酸/n/1 失察/vn/1 督促/vn/1 多种/m/1 海关总署/nt/1 组织/v/1 规章制度/nl/1 督促/v/1 指导/v/1 中介/n/1 技术/n/1 服务/vn/1 安全/a/1 验收/vn/1

案例10：东营市山东滨源化学有限公司"8·31"重大爆炸事故

硝化/v/17 装置/n/8 人员/n/7 温度/n/7 苯/n/6 分离器/n/6 物料/n/5 试车/vi/4 操作/vn/4 车间/n/4 滨源/nr2/3 地面/n/3 公司/n/3 管道/n/3 波动/vn/3 发生/v/3 爆炸/vn/3 最高/a/2 过程/n/2 正常/a/2 造成/v/2 事故/n/2 阀门/n/2 以及/cc/2 控制/v/2 冷却水/n/2 法兰/nrf/2 停车/vi/2 拆开/v/2 东北/s/2 火焰/n/2 达到/v/2 时间/n/2 含有/v/2 硝酸/n/2 存在/v/2 安全/an/2 生产/vn/2 先后/d/1 系统/n/1 稳定/an/2 不好/a/1 运行/vi/1 左右/f/1 企业/n/1 组织/v/1 第三/m/1 工业/n/1 水/n/1 分别/d/1 外壳/n/1 浇水/vi/1 降温/vi/1 中控室/n/1 循环/vn/1 期间/f/1 硝烟/n/1 指导/v/1 专家/n/1 建议/n/1 再次/d/1 进行/vx/1 处理/v/1 决定/v/1 当晚/t/1 停止/v/1 趋于/v/1 平稳/a/1 防止/v/1 凝固/vi/1 插入/v/1 上部/f/1 观察/v/1 试图/v/1 利用/v/1 虹吸/b/1 方式/n/1 山东/ns/1 化学/n/1 成功/a/1 之

后/f/1 有限公司/n/1 以下/f/1 下部/f/1 简称/v/1 新建/v/1 年产/v/1 位置/n/1 距离/n/1 此后/t/1 打开/v/1 位于/v/1 继而/c/1 变红/nr/1 棕红/b/1 情形/n/1 部分/m/1 撤离/v/1 现场/s/1 分钟/qt/1 厂房/n/1 材料/n/1 门外/s/1 看到/v/1 中间/f/1 部位/n/1 出现/v/1 直径/n/1 左右/m/1 项目/n/1 随即/d/1 胺/n/1 一起/s/1 方向/n/1 重大/a/1 北京/ns/1 负责人/n/1 违章/vd/1 指挥/v/1 安排/v/1 违规/v/1 排放/v/1 董事长/n/1 硫酸/n/1 分解/v/1 氧化/vn/1 氮/n/1 总经理/n/1 氧化剂/n/1 李培祥/nr/1 条件/n/1 高处/s/1 水泥/n/1 冲击力/n/1 作用/n/1 起火/vi/1 燃烧/v/1 附近/f/1 设备/n/1 升高/v/1 引发/v/1 本次/r/1 直接/a/1 原因/n/1 法制/n/1 观念/n/1 批准/v/1 意识/n/1 淡漠/an/1 无视/v/1 国家/n/1 法律/n/1 主体/n/1 责任/n/1 落实/v/1 建设/vn/1 严重/a/1 违法/vn/1 违规/vn/1 行为/n/1 地方/n/1 政府/n/1 有关/vn/1 部门/n/1 监管/vn/1 到位/vi/

第2类：空难类事故案例分词结果

案例1：河南航空有限公司黑龙江伊春"8·24"特别重大飞机坠毁事故

飞机/n/29 机场/n/2121 时/t/21 飞行/vn/17 机组/n/13 跑道/n/11 管制/vn/8 机长/738 分/t/6 最低/a/6 航空/n/6 伊春/ns/6 调查/v/5 驾驶/v/5 着陆/vi/5 高度/d/5 地面/n/4 能见度/n/4 看见/v/4 提醒/v/4 高度/n/4 应急/vn/4 没有/d/4 管理/vn/4 民航/n/4 事后/t/4 辐射/vn/4 进入/v/4 规定/n/4 下降/vi/4 机身/n/4 有关/vn/4 河南/ns/4 实施/v/3 建立/v/3 308 秒/t/3 标准/n/3 情况/n/3 报告/n/337 分/t/38 月/t/224 日/t/2 看到/v/251 分/t/2 海里/q/2 继续/v/2 撞击/vn/2 这个/rz/2 导致/v/2 联系/v/2 通报/v/2 燃油/n/2 浓烟/n/2 严重/ad/233 分/t/2 人员/n/2 程序/n/22010 年/t/2 转弯/vi/2 撤离/v/2 失事/vn/2 违反/v/2 完成/v/2 运行/vn/2 无线电/n/2 下降/vn/236 分/t/2 语音/n/2 驾驶/vn/2 仍然/d/2 必须/d/2 目视/v/228 分/t/2 采取/v/2 措施/n/2 穿越/v/2 此时/r/2 上/f/252 秒/t/2 方向/n/2 入口/n/2 延长/v/220 时/t/1 哈尔滨/ns/1 太平/ns/1 国际/n/1 起飞/vi/110 分/t/1 巡航/vi/1 公里/q/1 管制/v/116 分/t/1 边上/f/1 有点/d/126 分/t/1 陆续/d/1 部分/n/1 检查/vn/1 确认/v/1 甚高频/b/1 信标/nr2/1 测距/vi/119 秒/t/1 再次/d/1 现在/t/1 垂直/vd/1 水平/n/138 秒/t/1 飞越/v/1 上空/s/129 分/t/151 秒/t/1 主要/d/1 山里/s/1 季节/n/1 温度/n/1 地形/n/1 特点/n/1 出来/vf/106 秒/t/120 秒/t/150 秒/t/1 发布/v/1 许可/vi/134 秒/t/1 此后/t/149 秒/t/1 脱开/v/1 自动/d/1 改用/v/1 人工/b/1 方式/n/131 秒/t/1 依然/d/1 询问/v/1 什么样/ryv/1 三百二/m/1 刚好/d/1 实际/n/1 垂直/vn/1 剖面/n/159 秒/t/1 减小/v/1 一点/mq/105 秒/t/1 自动/b/1 连续/ad/1 提示/v/1 火光/n/1 持续/vi/1 参考/vn/1 得到/v/1 应答/vi/1 查明/v/1 距离/n/110 秒/t/1 始终/d/1 接收/v/1 直至/v/1 树梢/n/1 产生/v/1 机载/b/1 接触/vn/1 定位/vn/1 滑行/vi/1 持续/vd/1 发射机/n/1 塔台/n/1 发动机/n/1 部分/m/1 机体/n/1 分解/v/1 随后/d/1 停止/v/1 过程/n/1 机翼/n/1 油箱/n/1 破裂/vi/1 发射/v/1 告警/v/1 泄漏/vn/1 泄漏/v/1 地势/n/1 机头/n/1 流淌/v/1 起火/vn/1 客舱/n/1 迅速/ad/1 充满/v/1 信号/n/1 尾部/n/142 秒/t/1 烧毁/v/1 幸存/v/1 分别/d/1 通过/p/1 后舱/n/

1驾驶舱/n/1左侧/f/1滑动/vi/1壁板/n/1裂口/n/1逃生/vi/1其余/rz/1舱门/n/1出口/vn/1撞击/v/1变形/vi/1英尺/q/1阻隔/v/1无法/vd/1打开/v/1组织/v/1指挥/vn/1旅客/n/1电话/n/1救助/v/1受伤/vi/1而是/c/1擅自/d/1告知/v/1时间/n/1地点/n/1位于/v/1黑龙江省/ns/1伊春市/ns/1林/ng/1失事/vi/1坐标/n/1北纬/b/1东经/b/1原因/n/1值班/vn/110/m/120/m/1经理/n/1失去/v/1手册/n/1并且/c/1低于/v/1公司/n/1根据/p/1执行/v/1任务/n/1事发/vi/1着陆/vn/1Ten/m/1频率/n/1大型/b/1公共/b/1运输/vn/1承运人/n/1运行/vi/1合格/vi/1审定/v/1规则/n/1参考/v/1出现/v/1提示/vn/1盲目/ad/1技术/n/1问题/n/1突出/a/1调配/vn/1合理/a/1成员/n/1之间/f/1协调/ad/1配合/v/1不好/a/1乘务员/n/1培训/vn/1符合/v/1相关/vn/1训练/vn/1大纲/n/1要求/n/1深圳/ns/1投入/v/1不足/an/1不力/a/1机构/n/1监管/vn/1到位/vi/1地区/n/1空中/s/1交通/n/1管理局/n/1安全/an/1存在/v/1漏洞/n/1

案例2：中国东方航空云南公司包头"11·21"特别重大空难事故

飞机/n/8事故/n/4机翼/n/4公司/n/3进行/vx/3包头/ns/3机场/n/2认为/v/2坠毁/v/2调查组/n/2云南/ns/2机型/n/2污染物/n/2存在/v/2东航/n/2管理/vn/2执行/v/1飞往/v/1上海/ns/1航班/n/1任务/n/1附近/f/1通过/p/1气动/b/1性能/n/1机组/n/1操作/vn/1处置/v/1分析/vn/1本次/r/1原因/n/1起飞/vn/1过程/n/1由于/c/1污染/vn/12004年/t/1临界/b/111月/t/1刚刚/d/1没有/d/1出现/v/1警告/v/1情况/n/1飞行员/n/1状态/n/1直至/v/1过夜/vi/1时/ng/121日/t/1中国/ns/1天气/n/1条件/n/1可能/n/1起飞/vi/1没有/v/1东方航空/nt/1发生/v/1负有/v/1一定/b/1领导/n/1B/o/1责任/n/1日常/b/1安全/an/1薄弱/a/1环节/n/1

案例3：武汉航空公司"6·22"特大飞行事故

飞机/n/10机场/n/5原因/n/4造成/v/4天气/n/4武汉/ns/4失事/vn/3起飞/vi/3武汉市/ns/3飞行/vi/3事故/n/3违章/vd/3王家/nr/2航班/n/2当日/t/2暴雨/n/2可能/v/2有关/vn/2遇到/v/2恶劣/a/2当地/s/214点/t/2局部/n/2坠毁/v/2机组/n/2机长/n/2决策/vn/2错误/n/2塔台/n/2管制/vn/2雷电/n/1要求/n/1于是/cc/1上空/s/1盘旋/v/154分/t/1失去/v/1联系/vn/116点/t/107分/t/1公安/n/1机关/n/1接到/v/1报案/vi/1证实/v/1下降/vi/1过程/n/1汉阳区/ns/1永丰/ns/1岸边/s/1大片/n/1机翼/n/1外壳/n/1散落/v/1林中/s/1机身/n/1残骸/n/1左右/m/1距离/n/1地点/n/1判断/vn/1当时/t/1滩涂/n/1紧急/ad/1迫降/vi/1成功/an/1出事/vi/1大雨/n/1湖北省/ns/1气象局/nt/1人员/n/1介绍/v/1下午/t/1特殊/a/110/m/1分钟/qt/1炸雷/n/113时/t/1民航/n/1人士/n/1航空/n/137分/t/1客机/n/1恩施/ns/1和风/n/1切变/n/1此前/t/1由于/p/1这种/r/1利于/v/1情况/n/1首都/n/1飞往/v/1湖南/ns/1湖北/ns/1被迫/d/1推迟/v/1公司/n/1预定/v/1到达/v/1直接/a/1时间/n/114时/t/155分/t/148分/t/1准备/v/1主要/b/1降

落/vi/1 指挥/v/1 也/d/1 气象/n/1 条件/n/1 违章/vn/1 指挥/vn/1 重大/a/1 责任事故/nl/1

案例 4：西南航空公司"2·24"特大飞行事故

飞机/n/18 操纵/v/7 拉杆/n/7 升降舵/n/6 飞行/vn/6 下降/vi/6 机组/n/5 由于/c/5 飞行员/n/5 温州/ns/5 塔台/n/5 俯仰/vi/4 状态/n/4 螺栓/n/4 报告/n/3 高度/d/3 地面/n/3135/m/3 螺母/n/3 失去/v/3 失事/vi/3 机场/n/3 高度/n/3 正常/a/3 操纵/vn/3 变化/vn/3 西南/s/2 成都/ns/2 最后/f/2 瑞安市/ns/2 指挥/v/2 农田/n/2 回答/v/2 柏树/n/2 东山/ns/2 导航台/n/2 记录器/n/2 脱落/v/2 驾驶/v/2 通道/n/2 由于/p/2 连接/vn/2 脱开/v/2 安装/v/2 放出/v/2 距离/n/1 海里/q/1 建立/v/1 正确/a/1 开始/v/1 连续/a/1 记录/v/1 截止/vn/1 时间/n/1 现场/s/1 目击者/n/1 坠落/v/1 阶段/n/1 飞过/v/1 楼房/n/1 接着/c/1 巨响/n/1 火光/n/1 失事/vn/1 位置/n/1 东北/s/1 方向/n/1 位于/v/1 跑道/n/1 方位/n/1 公里/q/1 座标/n/1 反映/v/1 北纬/b/1 东经/b/1 根据/p/1 数据/n/11999 年/t/1 驾驶舱/n/1 提供/v/1 信息/n/1 分析/vn/12 月/t/124 日/t/1 飞行/vi/1 中国/ns/1 自动/d/1 航空/n/1 人工/d/1 公司/n/1 执行/v/1 航班/n/1 任务/n/1 失常/a/1 随即/d/1 地区/n/1 感觉/v/1 此时/r/1 重心/n/1 粉碎/v/1 采取/v/1 解体/vi/1 向前/vi/1 移动/vn/1 旅客/n/1 该机/r/1 方法/n/1 可以/v/1 勉强/ad/1 维持/v/1 随着/p/1 起落架/n/1 产生/v/1 双流/ns/1 力矩/n/1 起飞/vi/1 试图/v/1 保持/v/1 但是/c/1 继续/v/1 出现/v/1 反常/a/1 情况/n/1 加大/v/1 试验/vn/1 表明/v/1 航线/n/1 德兴/nz/1 突然/ad/1 上饶/ns/1 为了/p/1 克服/v/1 这种/r/1 趋势/n/1 快速/b/1 推杆/n/1 已经/d/1 线性/n/1 规律/n/1 急速/z/1 偏转/v/1 大幅度/d/1 尽力/d/1 没有/d/1 相应/vi/1 俯冲/vi/1 过程/n/1 请求/v/1 指挥/vn/1 原因/n/1 系统/n/1 询问/v/1 失效/vi/1 造成/v/1 可能/n/1 测距/vi/1 规范/v/1 规定/v/1 开口销/n/1 保险/n/1 尺寸/n/1 保证/v/1 功能/n/1

案例 5：西北航空公司 Ty-154M 型 B2610 号飞机空难事故

飞机/n/19/08 时/t/8 6月/t/6 起飞/vi/6 保持/v/56 日/t/4 检查/v/4 解体/vi/4 公里/q/4 机组/n/4 报告/n/4 地面/n/4 小时/n/3 咸阳/ns/3 西安/ns/3 速度/n/3 飞行员/n/3 飞行/vn/3 过载/vn/3 坡度/n/3 机场/n/3 空中/s/316 分/t/2 驾驶/v/222 分/t/2 进行/vx/2 西北/s/2 航空/n/224 秒/t/2 公司/n/2 出现/v/2 超过/v/2 高度/d/2 执行/v/2 下降/vi/2 侧向/vn/2 航向/n/2 广州/ns/2 人员/n/2 更换/v/2 航班/n/2 任务/n/213 分/t/2 警告/v/2 插头/n/2 导致/v/24 日/t/2 坠毁/v/2 从而/c/2 产生/v/2 角速度/n/2 加大/v/2 断开/v/2 短时/a/1 接通/v/1 自动/d/1 方法/n/1 不能/v/1 稳住/v/1 轨迹/n/1 不规则/a/1 转弯/vn/127 秒/t/1 突然/ad/1 俯仰/vi/1 处理/vn/1 倾斜角/n/1 达到/v/1 超速/vd/1 气压/n/123 分/t/1 西安市/ns/1 长安县/ns/1 刚强/a/11.4g/n/142 秒/t/1 开始/v/1 方位/n/1 原因/n/1 滑行/vi/1 维修/vn/1 检查/vn/1 该机/r/1 安装/v/1 发生/v/11994 年/t/1 额定/b/1 稳定性/n/1 失去/v/1 控制/v/1 造成/v/1 马力/n/1 飞行/vi/1 决定/v/1 减震/vi/1 交换/v/1 平台/n/1 由于/c/1

操作/v/1 通电/vi/1 试验/v/1 上升/vi/1 维修/v/1 来回/vd/1 故障/n/1 滑跑/v/158 秒/t/1 117 分/t/106 秒/t/1 对应/vi/1 副翼/n/1 偏转/vn/1 只是/c/1 由于/p/1 限制/vn/1 感到/v/1 倾斜/vi/1 摆动/v/1 很快/d/1 形成/v/1 明显/ad/1 提示/v/1 采取/v/1 实际上/d/1 继续/v/1 运动/n/1 明显/a/1 发散/vn/1 趋势/n/1 状态/n/1 极端/d/1 困难/an/1 终于/d/1 急剧/d/1 过程/n/1 强度/n/1 极限/n/1 情况/n/1

案例 6：中国东方航空齐鲁有限公司"10·26"空难事故

飞机/n/18 跑道/n/11 机组/n/10 复飞/nr2/8 高度/d/6 下降/vi/6 油门/n/5 福州/ns/5 高度/n/4 机场/n/4 仪表/n/4 规定/n/4 修正/v/3 困难/an/3 入口/n/3 决定/v/3 正常/a/3 进入/v/3 程序/n/3 落地/vi/212 时/t/2 公里/q/2 执行/v/2 状态/n/2 航向/n/2 引导/v/2 感到/v/2 着陆/vi/2 航班/n/2 海里/q/2 飞行/vn/2 任务/n/2 机长/n/2 方向/n/2 推力/n/2 姿态/n/2 继续/v/2 下沉/vi/2 由于/c/2 迫降/vi/2 收回/v/2 一直/d/2 操纵/vn/2 水塘/n/2 事故/n/2 没有/d/2 而是/c/2 盲目/ad/2 情况/n/2 测距/vi/1 云中/nr2/1 转弯/vi/1 坡度/n/1 退出/v/1 转变/v/1 这时/rzt/1 小时/n/1 夹角/n/1 自己/rr/1 交给/v/1 教员/n/11993 年/t/110 月/t/1 此时/r/126 日/t/1 接近/v/1 中国/ns/1 加油/vn/1 东方航空/nt/1 齐鲁/ns/1 襟翼/n/1 起落架/n/1 由于/p/1 有限公司/n/1 上升/vi/1 而且/c/1 无力/vd/1 恢复/v/1 执行/vn/1 降落/vi/1 发生/v/1 时机/n/1 当天/t/1 随后/d/1 机身/n/1 相继/d/1 深圳/ns/1 起飞/vi/1 一个/mq/1 预计/v/1 机头/n/1 马路/n/1 边上/f/1 朝向/v/1 报废/vn/1 按照/p/1 到达/v/1 时间/n/1 距离/p/132 分/t/1 看到/v/1 应该/v/1 塔台/n/1 立即/d/1 建立/v/1 联系/vn/195/m/1 看见/v/1 发现/v/1 具备/v/1 条件/n/1 加入/v/1 角度/n/1 左右/m/1 速度/n/1 系统/n/1 发动机/n/1 延迟/v/1 尚未/d/1 达到/v/1 情绪/n/1 紧张/a/1 进行/vx/1 结果/d/1 接地/vi/1 最后/f/1 违反/v/1 最低/a/1 转为/v/1 目视/v/1 仍然/d/1 果断/a/1 再加之/c/1 配合/v/1 不好/a/1 操纵/v/1 失当/vi/1 造成/v/1 此次/rz/1

案例 7：中国南方航空公司"11·24"空难事故

飞机/n/13 油门/n/9 平飞/nr/6 下降/vi/5 推力/n/5 副翼/n/5 慢车/n/4 保持/v/4 自动/b/4 桂林/ns/3 自动/d/3 发动机/n/3 偏转/v/3 坡度/n/3 突然/ad/3 广州/ns/2 因此/c/2 没有/d/2 逐渐/d/2 米/q/2 失事/vi/2 平衡/a/2 造成/v/2 加速/vi/2 继续/v/2 状态/n/2 增大/v/2 爬升/v/2 增加/v/2 原因/n/2 机组/n/2 由于/p/2 调节/vn/1 其中/rz/1 比较/d/1 明显/a/1 第一/m/1 起飞/vi/1 预定/vn/1 高度/n/17000/m/1 停留/vi/1 低压/n/1 转速/n/1 跟着/v/1 第二/m/1 已/d/1 临近/v/1 机场/n/1 高度/d/12200/m/1 这时/rzt/1 加上/v/1 去/vf/11 月/t/124 日/t/1 中国/ns/188％/m/1 南方/s/1 之后/f/1 航空/n/1 故障/n/1 公司/n/1 获得/v/1 由于/c/1 波音/nz/1 一致/a/1 相差/v/1 随之/d/1 情况/n/1 执行/v/1 驾驶/v/1 控制/v/1 进行/vx/1 修正/vn/1 航班/n/1 任务/n/1 按照/p/1 机型/n/1 设计/vn/1 特点/n/1 角度/n/1 只能/v/1 这个/rz/1 位置/n/1 但是/c/1 足以/d/1 克服/v/1 左右/f/1 地区/n/1 阳朔县/ns/

11992年/t/1 达到/v/1 不好/a/1 错误/a/1 姿态/n/1 向上/vi/1 从而/c/1 改变/vn/1 变为/v/1 山前/s/1 同时/n/1 拉杆/n/1 动作/n/1 俯冲/vi/1 事故/n/1 过程/n/1 出现/v/1 导致/v/1 及时/ad/1 发现/v/1 采取/v/1 措施/n/1 处置/v/1 错误/n/1 以致/c/1

案例8：民航飞行学院四分院 TB-20 型飞机 "9·28" 一等事故

油箱/n/7 学员/n/6 飞机/n/6 飞行/vn/4 起飞/vi/3 大队长/n/3 积水/n/3 该机/r/2 梁某/nr/2 训练/vn/28 时/t/2 跑道/n/29 月/t/228 日/t/21989年/t/2 民房/n/2 抢救/v/2 燃油/n/2 四分/t/2 高度/d/2 加油/vi/2 少量/m/2 进行/vx/1 起落/vn/1 航线/n/1 出动/v/1 段某/nr/1 观摩/v/1 学习/v/1 负责/v/1 检查/vn/1 技术/n/14 分/t/110 分/t/1 落地/vi/1 情况/n/1 一切/rz/1 正常/a/1 接着/c/1 继续/v/1 正常/ad/1 爬升/v/1 突然/ad/1 发出/v/1 声音/n/1 发动机/n/1 停车/vi/1 急剧/d/1 下降/vi/1 避开/v/1 前方/s/1 起来/vf/1 越过/v/1 高压线/n/1 民航/n/1 地面/n/1 机头/n/1 机翼/n/1 折断/v/1 烧毁/v/1 严重/ad/1 损坏/v/1 机组/n/1 学院/n/1 机舱/n/1 立即/d/1 医院/n/1 后排/n/1 无效/vi/1 死亡/vi/1 重伤/n/1 脱险/vi/1 原因/n/1 之间/f/1 通性/n/1 不好/a/1 四川/ns/1 顺畅/a/1 绵阳/ns/1 机场/n/1 沉淀/n/1 并且/c/1 沉淀/vi/1 最低/a/1 上升/vi/1 因此/c/1 过程/n/1 不幸/ad/1 失事/vi/1 以致/c/1 进入/v/1 系统/ad/1 造成/v/1 事故/n/1 来源/n/1 大队/n/1 四周/s/1 缝隙/n/1 计划/n/1 可能/v/1 通气孔/n/1 潮湿/a/1 空气/n/1 凝结/v/1 水珠/n/1 不断/d/1 方面/n/1 水源/n/1 虽然/c/1 时间/n/1

案例9：山西地方航空公司伊尔-14型飞机 "10·7" 坠毁事故

飞机/n/12 公司/n/10 飞行/vn/7 飞行/vi/5 发动机/n/4 民航/n/4 空军/n/4 规定/n/4 关于/p/3 经营/vn/310 月/t/27 日/t/2 山西省/ns/2 地点/n/2 游览/v/2 失事/vi/2 滑跑/v/2 失效/vi/2 飞行员/n/21988年/t/2 临汾/ns/2 机场/n/2 空中/s/2 坠落/v/2 座位/n/2 驾驶/v/2 违反/v/2 旅客/n/2 跑道/n/2 业务/n/2 当日/t/2 起飞/vi/2 工作/vn/2 导航台/n/1 上空/s/1 转弯/vi/1 现场/s/1 目击者/n/1 调查/vn/1 了解/vn/1 此时/r/1 机头/n/1 突然/ad/1 高度/d/1 下降/vi/1 接着/c/1 摇摆/v/1 地面/n/1 机翼/n/1 地区/n/1 福利/n/1 工厂/n/1 楼房/n/1 房顶/n/1 变形/vi/1 前缘/n/1 加温/v/1 分离/vi/1 路面/n/1 水泥/n/1 杨树/n/1 越过/v/1 公路/n/1 方向/n/1 航迹/n/1 倒转/vi/1 饭店/n/1 屋顶/n/1 左翼/n/1 失事/vn/1 方位/n/1 一分/t/1 电线杆/n/1 地方/n/1 航空/n/1 时间/n/1 过程/n/1 这样/rzv/1 特殊/a/1 情况/n/1 发现/v/1 判断/vn/1 做出/v/1 正确/a/1 反应/vn/1 伊尔/nrf/1 相当/d/1 困难/a/1 经过/p/1 事故/n/1 综合/vn/1 分析/vn/1 可能/n/1 临汾市/ns/1 直接/ad/1 油泵/n/1 传动轴/n/1 执行/v/1 疲劳/a/1 折断/vn/1 任务/n/1 中断/v/1 供油/v/1 造成/v/1 机长/n/1 沙发床/n/1 安排/v/1 乘客/n/1 经理/n/1 文件/n/1 王某/nr/1 必须/d/1 固定/a/1 运输/vn/1 手册/n/1 明文规定/vl/1 载客/vi/113 时/t/120 分/t/1 应有/v/1 单位/n/1 证明/v/1 售票/vi/1 验证/v/1 转入/v/1 正常/ad/1 登机/vi/1 安全/an/1 检查/vn/1 个别/a/1 带病/d/1 参加/v/1 条

例/n/1 第 67/m/1 禁止/v/1 放行/vi/1 有关/vn/1 十二/m/1 学院/n/1 签订/v/1 协议/n/1 有关/v/1 上升/vi/1 专场/n/1 负责/v/1 指挥/n/1 条款/n/1 适当/a/1 飞越/v/1 合格/vi/1 指挥员/n/1 违背/v/1 国务院/nt/1 中央军委/nt/1 批准/v/1 使用/v/1 起降/vi/1 民用/b/1 服从/v/1 统一/vn/1 指挥/vn/1 调度/vn/1 精神/n/1 维修/vn/1 记录/n/1 齐全/a/1 附件/n/1 履历/n/1 保管/v/1 不妥/a/1 以至/cc/1 烧毁/v/1 符合/v/1 管理/vn/1 申请/v/1 近距/n/1 项目/n/1 没有/v/1 显然/ad/1 游览/vn/1 超出/v/1 范围/n/1

案例 10：民航广州管理局三叉戟飞机 "8·31" 坠海事故

跑道/n/10 飞机/n/9 起落架/n/6 滑跑/v/5 机组/n/4 方向/n/4 落地/vi/39 时/t/3 香港/ns/3 切入/v/3 此时/r/310 时/t/3 机头/n/3 能见度/n/2 海里/q/2 避开/v/2 已经/d/2 开始/v/2 东南/f/2 管制/vn/2 绕行/v/2 广州/ns/219 分/t/2 报告/n/2 海里/s/2 启德/nz/2 水泥/n/2 机场/n/2 轮胎/n/2 断裂/vi/2 克服/v/2 力矩/n/2 机身/n/2 取得/v/1 联系/vn/1 位置/n/1 导航台/n/1 高度/d/110000/m/1 英尺/q/145 分/t/1 积雨云/n/1 收到/v/1 情报/n/1 当时/t/1 雷雨/n/1 决定/v/1 通报/v/1 天气/n/1 继续/v/1 然后/c/1 转向/vi/1 之前/f/1 管制/v/1 指挥/v/1 为/p/1 雷雨云/n/1 之后/f/114 分/t/1 建立/v/1 获得/v/1 精密/a/1 雷达/n/1 同意/v/1 指令/n/1 以东/f/1 以下/f/11988 年/t/18 月/t/1 中心/n/1 左侧/f/1 大暴雨/n/1 略带/v/1 坡度/n/1 下滑/vi/131 日/t/1 民航/n/1 首先/d/1 管理局/n/1 三叉/b/1 着陆/vn/1 引进/vn/1 过程/n/1 接着/c/1 海湾/n/16/m/1 乘客/n/1 斜度/n/1 沿/p/160/m/1 厘米/q/11/m/1 不幸/ad/1 遇难/vi/1 明显/a/1 痕迹/n/1 右面/f/1 当即/d/1 爆破/v/1 报废/vn/1 稍微/d/1 跳跃/v/1 再次/d/1 接地/vi/1 造成/v/1 撞击/vn/1 面上/s/1 破碎/v/1 一/m/1 轮子/n/1 碎片/n/1 同时/c/1 打碎/v/1 舱门/n/1 完全/ad/1 飞行/vn/1 机翼/n/1 事故/n/1 急剧/d/1 为了/p/1 该机/r/1 使用/v/133 分/t/1 北京/ns/1 夏令时/n/1 下同/vi/1 无法/v/1 看来/v/1 纠正/v/1 不妥/a/1800/m/1 右侧/f/1 逐渐/d/1 形成/v/1 起飞/vi/1 穿越/v/1 滑行道/n/1 之间/f/1 草地/n/143 分/t/1 折断/v/1 脱落/v/1 速度/n/1 尾部/n/1 堤坝/n/1 座椅/n/1 下沉/vi/1 海水/n/1 淹没/v/1 失事/vn/1 时间/n/1

第 3 类：食品安全类事故案例分词结果

案例 1：2008 年三聚氰胺事件

三鹿/nz/4 奶粉/n/4 医院/n/3 三鹿集团/nt/3 产品/n/3 氰/w/3 胺/n/3 奶/n/3 调查/vn/2 甘肃省/ns/2 婴幼儿/n/2 卫生部/nt/2 尿/n/2 结石/n/2 报告/n/22008 年/t/2 河北/ns/2 石家庄/ns/29 月/t/2 原料/n/2 召回/v/2 收治/v/2 毒/n/2 家长/n/1 反映/v/1 孩子/n/1 出生/vi/1 起/vf/1 一直/d/1 食用/v/1 产/v/17 月/t/1 中旬/t/1 卫生厅/n/1 婴儿/n/1 病例/n/1 随即/d/1 展开/v/1 随后/d/1 短短/z/1 两/m/1 多/a/1 月/n/1 人数/n/1 迅速/ad/1 扩大/v/114/m/111 日/t/1 除/p/1 外/f/1 中国/ns/1 其他/rzv/1 省/n/1 区/n/1 类似/a/1 案例/n/1 发生/v/1 经/p/1 相关/vn/1 部门/n/1 高度/d/1 怀疑/v/16 月/t/1 受到/v/128 日/t/1 兰州

市/ns/1 解放军/n/1 第一/m/1 污染/vn/1 首/m/1 种/q/1 化工/n/1 宗/q/1 导致/v/1 人体/n/1 系统/ad/1 产生/v/1 同日/d/1 晚上/t/1 发布/v/1 声明/n/1 消费者/n/1 负责/v/1 公司/n/1 决定/v/1 立即/d/1 市场/n/113 日/t/1 证实/v/1 牌/n/1 中/f/1 含有/v/1 不法分子/n/1 肾结石/n/1 增加/v/1 蛋白/n/1 含量/n/1 而/cc/1 人/n/1 加入/v/1 病症/n/1 案由/n/112 月/t/127 日/t/1 开始/v/1 在/p/1 开庭/vi/1 研/v/1 审/v/12009 年/t/1 11 月/t/122 日/t/1 下/f/1 判/v/1 总共/d/16/m/1 婴孩/n/1 喝/vg/1 死亡/vi/130 万/m/1 儿童/n/1 患病/vi/1 停产/vi/1 已/d/1 宣告/v/1 破产/vi/1

案例 2：2005 年海鲜产品体内含有"孔雀石绿"事件

孔雀石/n/6 孔雀/n/5 鱼/n/5 石绿/n/5 英国/ns/4 食品/n/4 药/n/42005 年/t/4 绿/a/3 企业/n/3 食物/n/3 鲮鱼/n/3 含有/v/3 豆豉/n/3 绿/an/36 月/t/2 山东/ns/2 物质/n/2 统一/vn/2 报道/v/2 标准局/n/2 有限公司/n/2 使用/v/2 青岛/ns/2 河南/ns/2 饲料/n/2 鲤鱼/n/2 记者/n/2 发现/v/2 水产品/n/2 市场/n/2 调查/vn/2 辽宁/ns/2 全国/n/2 商店/n/2 结果/n/2 国家/n/2 养殖/vn/2 安全/an/2 过程/n/2 仍然/d/2 霉病/n/211 月/t/2 查出/v/2 致癌物/n/2 牌/n/25 日/t/1 星期日/t/1 泰晤士报/n/1 知名/a/1 超市/n/1 连锁店/n/1 出售/v/1 体内/s/1 有关/vn/1 方面/n/1 此事/r/1 迅速/ad/1 通报/v/1 欧洲/ns/1 所有/b/1 机构/n/1 发出/v/1 警报/n/1 发布/v/1 消息/n/1 任何/rz/1 鱼类/n/1 允许/v/1 此类/r/1 致癌/vn/1 有机/b/1 化学/n/1 可以/v/1 接受/v/1 由此/d/17 月/t/17 日/t/1 农业部/nt/1 办公厅/n/1 各省/r/1 自治区/n/1 直辖市/n/1 下发/v/1 关于/p/1 组织/n/1 查处/v/1 禁用/v/1 兽/ng/1 紧急/a/1 通知/n/1 范围/n/1 严查/v/1 违法/vn/1 经营/vn/1 行为/n/1 商报/n/1 水/n/1 商/n/1 鳃/n/1 瓜/n/1 虫/n/1 病/n/1 运输/vn/1 鳞/n/1 受损/vi/1 延长/v/1 生命/n/1 鱼贩/n/1 批发/vn/1 至于/p/1 卖/v/1 出于/c/1 存在/vn/1 买卖/vn/1 表明/v/1 继/vg/1 晨报/n/1 款/q/1 珠江/nz/1 桥牌/n/1 养鱼/vn/1 罐头/n/1 养殖场/n/1 进行/vx/1 很多/m/1 香港/ns/1 环境/n/1 卫生/an/1 署/ng/1 公布/v/1 最新/a/1 测试/vn/1 显示/v/1 鹰/n/1 金钱/n/1 渔民/n/1 金奖/n/1 甘/ag/1 竹/ng/1 样本/n/12006 年/t/117 日/t/1 上海/ns/1 媒体/n/1 率先/d/1 残/a/1 超标/vn/1 情况/n/12007 年/t/14 月/t/1 山东省/ns/1 日照市/ns/1 湖北/ns/1 正式/ad/1 起诉/v/1 台湾/ns/1 股份/n/1 它/rr/1 及其/cc/1 独资/b/1 预防/v/1 农牧/n/1 生产/vn/1 产品/n/1 超标/vi/1

案例 3：2006 年苏丹红鸭蛋事件

红/a/7 鸭蛋/n/6 心/n/4 吃/v/4 苏丹红/nz/4 白洋淀/ns/4 药/n/3 蛋/n/3 当地/s/2 养鸭户/n/2 养/v/2 鸭子/n/2 小/a/2 饲料/n/2 一些/mq/2 这种/r/2 含有/v/2 工业/n/2 市场/n/1 旗号/n/1 宣称/v/1 水边/s/1 散/v/1 鱼/n/1 虾/n/1 生成/v/1 表示/v/1 红心/n/1 出自/v/1 正宗/b/1 产/v/1 根本/d/1 橘黄/b/1 色/ng/1 主要/d/1 玉米/n/1 随后/d/1 调查/v/1 石家庄/ns/1 平山县/ns/1 井陉县/ns/1 鸭/ng/1 基地/n/1 添加/v/1 种/q/1 这样/rzv/1 生/v/1 出

来/vf/1 呈现/v/1 鲜艳/a/1 而且/c/1 每周/r/1 质量/n/1 报告/n/1 人/n/1 自己/rr/1 从来/d/1 经过/p/1 中国/ns/1 检验/v/1 检疫/vn/1 科学院/n/1 食品/n/1 安全/an/1 研究所/n/1 检测/vn/1 结果/d/1 发现/v/1 这些/rz/1 样品/n/12006 年/t/1 偶氮染料/n/111 月/t/112 日/t/1 报道/v/1 含量/n/1 最高/a/1 达到/v/10.137mgkg/n/1 相当于/v/1 公斤/q/1 里面/f/10.137/m/1 毫克/q/1 分为/v/1 北京/ns/1 染料/n/1 致癌/vn/1 性/ng/1 颜色/n/1 更加/d/1 艳/a/1 鞋油/n/1 油漆/n/1 色素/n/1 毒性/n/1 国际/n/1 癌症/n/1 研究/vn/1 机构/n/1 列为/v/1 三类/b/1 致癌物/n/1

案例 4：2011 年"皮革奶"事件

皮革/n/10 水解蛋白/n/4 报道/v/3 山东/ns/2 奶/n/2 牛奶/n/2 产品/n/2 蛋白/n/2 粉/n/2 料/n/2 制品/n/2 奶粉/n/2 总理/n/1 吴仪/nr/1 重视/vn/1 曾经/d/1 大力/d/1 整顿/v/1 当时/t/1 山东省/ns/1 工商/n/1 部门/n/1 至少/d/1 查获/v/12.8 万/m/1 使用/vn/1 乳制品/n/1200/m/1 厂/n/1 从事/vi/1 生产/vn/12009 年/t/13 月/t/1 浙江省/ns/1 金华市/ns/1 乳/vg/1 查出/v/1 制造/v/1 当场/d/1 公斤/q/1 装/v/1 白色/n/1 粉末/n/1 以及/cc/11/m/1300/m/1 箱/q/1 污染/vn/1 少数/m/1 流入/v/1 市面/n/1 回收/v/1 山西/ns/1 河北/ns/1 发现/v/1 同类/n/12010 年/t/18 月/t/1 质检/vn/1 总局/n/1 再次/d/1 农业部/nt/15/m/1 部委/n/1 联合/vd/1 印发/v/12005 年/t/1 关于/p/1 开展/v/1 非法/d/1 制售/v/1 添加/v/1 事件/n/1 清理/vn/1 整顿/vn/1 工作/vn/1 通知/vn/1 引发/v/1 明确/ad/1 要求/v/1 严禁/v/1 使用/v/1 作为/p/1 食品/n/1 原料/n/1011/m/1 年/qt/12 月/t/117 日/t/1 下午/t/1 一/m/1 广大/b/1 网友/n/1 内地/s/1 死灰复燃/vl/1 长期/d/1 食用/v/1 致癌/vn/1 新闻/n/1 国务院/nt/1 一经/d/1 发布/v/1 纷纷/d/1 转载/v/1 迅速/a/1 商业/n/1 门户/n/1 网站/n/1 声称/v/1 不法/b/1 商家/n/1 废料/n/1 动物/n/1 毛发/n/1 物质/n/1 加以/vx/1 水解/v/1 提炼/v/1 企图/v/1 以/p/1 提高/v/1 蛋白质/n/1 含量/n/1 蒙混过关/vl/1 加大/v/1 打击/v/1 力度/n/1

案例 5：2011 年"地沟油"事件

油/n/10 地沟/n/7 油脂/n/5 食品/n/4 一些/mq/4 发现/v/3 警方/n/3 味道/n/3 熬/v/3 这些/rz/3 一/m/3 主要/d/3 一个/mq/2 附近/f/2 调查/vn/2 泔水/n/2 加工/vn/2 臭/a/2 部分/n/2 来自/v/2 金华市/ns/2 屠宰场/n/2 废弃物/n/2 院子/n/2 内脏/n/2 调查/v/2 新型/b/2 人们/n/1 安全/an/1 担忧/vn/1 报道/v/1 目前/t/1 我国/n/1 每年/r/1 返回/v/1 餐桌/n/1200/m/1300 万/m/1 吨/q/1 医学/n/1 研究/v/1 黄曲霉/n/1 强烈/a/1 致癌/vn/1 毒/n/1 砒霜/n/1100/m/12011 年/t/110 月/t/1 梦乡/n/1 村民/n/1 经常/d/1 传出/v/1 恶臭/n/1 位于/v/1 婺城区/ns/1 城乡/n/1 接合部/n/1 门口/s/1 堆放/v/1 大量/m/1 油桶/n/1 地上/s/1 油迹/n/1 斑斑/z/1 难闻/a/1 收集/v/12010 年/t/13 月/t/119 日/t/1 负责人/n/1 武汉/ns/1 现场/s/1 没有/v/1 只有/c/1 成堆/vi/1 工业/n/1 学院/n/1 教授/n/1 何东平/nr/1 召开/v/1

加工/v/1 新闻/n/1 来源/n/1 发布会/n/1 建议/v/1 政府/n/1 相关/vn/1 压榨/vn/1 包括/v/1 猪/n/1 部门/n/1 牛/n/1 羊/n/1 屠宰/v/1 以后/f/1 加紧/vd/1 规范/v/1 膈膜/n/1 猪皮/n/1 牛皮/n/1 羊皮/n/1 刮/v/1 碎末/n/1 废弃/v/1 时间/n/1 存放/v/1 工作/vn/1 吃/v/1 变质/vn/1 动物/n/1 随后/f/1 这种/r/1 再次/d/1 窝/n/1 分布/vi/1 当地/s/1 个体/n/1 户/ng/1 他们/rr/1 出来/vf/1 动物油/n/1 李卫坚/nr/1 统一/v/1 收购/vn/1 同样/b/1 原料/n/1 销售/v/1 安徽/ns/1 上海/ns/1 江苏/ns/1 重庆/ns/1 引起/v/1 公司/n/1 最终/d/1 进入/v/1 领域/n/1 企业/n/1 制成/v/1 火/n/1 锅底/n/1 料/n/1

案例6：2011年双汇"瘦肉精"事件

瘦肉/n/10 添加/v/4 养殖/vn/3 公司/n/3 双汇/nz/3 厂/n/2 的确/d/2 生猪/n/2 收购/v/2 食品/n/2 猪/n/2 采购/v/2 业务/n/2 十八/m/2 所谓/vn/2 主管/vn/2 承认/v/2 他们/rr/2 曝光/vi/2 特别/a/1 节目/n/1 宣称/v/1 检验/vn/1 放心/v/1 猪肉/n/1 检测/v/1 河南/ns/1 孟州/ns/12011 年/t/1 有毒/vn/1 顺利/ad/1 卖/v/1 集团/n/1 旗/n/1 流入/v/1 含有/v/1 济源/ns/1 有限公司/n/1 已经/d/1 停产/vi/1 整顿/v/1 紧急/ad/1 召回/v/1 涉案/vn/1 肉制品/n/13 月/t/1 冷/a/1 鲜肉/n/1 估计/v/1 全部/m/1 直接/a/1 间接/b/1 损失/n/1 超过/v/1 1100 亿/m/115 日/t/1 甚至/d/1 可能/v/1 接近/v/1200 亿/m/1 相关/vn/1 涉案人员/n/1 收到/v/1 法律/n/1 制裁/vn/1 属于/v/1 肾上腺/n/1 神经/n/1 兴奋剂/n/1 饲料/n/1 可以/v/1 增加/v/1 动物/n/1 量/n/1 人类/n/1 食用/v/1 猪肝/n/10.25kg/n/1 以上/f/1 恶心/a/1 头晕/vi/1 四肢/n/1 无力/vi/1 手/n/1 中毒/vn/1 症状/n/1 心脏病/n/1 高血压/n/1 患者/n/1 老年人/n/1 危害/vn/1

案例7：2012年老酸奶"工业明胶"事件

酸奶/n/7 明胶/n/5 老/a/4 胶/n/3 皮革/n/3 型/k/32012 年/t/2 食品/n/2 皮/n/2 原料/n/2 进行/vx/2 为了/p/2 生产/vn/2 凝固/vi/2 料/n/1 可能/v/1 皮鞋/n/1 制成/v/1 他/rr/1 晚会/n/1 重头/n/1 可惜/v/1 调查/v/1 发现/v/1 不仅/c/1 种果/v/1 粒/q/1 谷物/n/1 甚至/d/1 普通/a/1 酸牛奶/n/1 几乎/d/1 含有/v/1 琼脂/n/1 卡拉/nrf/1 果胶/n/1 剂/q/1 品质/n/1 主要/d/1 取决于/v/1 通常/d/1 来说/uls/1 合格/vi/1 动物/n/1 骨料/n/1 工序/n/1 提取/v/14 月/t/1 蒸发/vn/1 干燥/a/1 最后/f/1 根据/p/1 控制/vn/1 指标/n/1 混合/vn/1 形成/v/1 成品/n/19 日/t/1 降低/v/1 成本/n/1 获得/v/1 利润/n/1 国内/s/1 很多/m/1 厂家/n/1 厂/n/1 经过/p/1 加工/v/1 蓝矾/n/1 屑/ng/1 边角料/n/1 作为/v/11 品牌/n/1 乳/vg/1 企业/n/1 相关/vn/1 负责人/n/1 市场/n/1 分为/v/1 主持人/n/1 赵普/nr/1 微/ag/1 搅拌/v/1 属于/v/1 二者/rzv/1 奶/n/1 菌种/n/1 发酵/vn/1 时间/n/1 工艺/n/1 方面/n/1 不同/a/1 不过/c/1 遵循/v/1 国家标准/n/1 一样/uyy/1 里面/f/1 适当/ad/1 添加/v/1 添加剂/n/1 保持/v/1 口感/n/1 外观/n/1 国家/n/1 允许/v/1 使用/v/1

案例 8：2013 年鸭舌制品含甜蜜素波及奶茶行业

奶茶/n/11 珍珠/n/8 奶/n/6 加工/v/4 老板/n/3 鸭/ng/3 甜蜜/a/3 素/ag/3 添加/v/3 腊/ng/3 工人/n/2 舌/n/2 旁边/f/2 鸡/n/2 腿/n/2 黑/a/2 劣质/b/2 一些/mq/2 店/n/2 色素/n/2 心/n/2 口味/n/2 一半/m/1 舌/ng/1 缸/n/12013 年/t/1 散发/v/1 诱人/a/1 香味/n/1 已经/d/1 打包/vi/1 袋/ng/1 准备/v/1 对面/f/1 冷库/n/1 地上/s/1 一捆捆/m/1 包装纸/n/1 箱/ng/1 上面/f/1 康民/nr/1 牌/n/1 字样/n/1 防腐剂/n/1 字/n/1 包装箱/n/1 硝酸钠/n/1 常用/a/1 现场/s/1 说不清/vl/1 是否/v/1 过量/vd/1 违禁/b/1 添加剂/n/1 知道/v/11 月/t/1 这些/rz/1 东西/nr2/1 颜色/n/1 好看/a/1 吃/v/1 起来/vf/111 日/t/1 可谓/v/1 遍地开花/vl/1 行业/n/1 缺少/v/1 相应/vi/1 质量/n/1 标准/n/1 正规/a/1 店铺/n/1 出售/v/1 不仅/c/1 杭州市/ns/1 而且/c/1 危害/v/1 人体/n/1 健康/an/1 正宗/b/1 质/ng/11 鲜奶/n/1 局/n/1 红/a/1 茶/n/1 稽查/vn/1 白糖/n/1 队员/n/1 经营/vn/1 多年/mq/1 业内人士/n/1 透露/v/1 多数/m/1 所谓/v/1 果糖/n/1 替代/v/1 奶粉/n/1 蔗糖/n/1 只是/d/1 增添/v/1 饮料/n/1 乳香/n/1 风味/n/1 有些/rz/1 干脆/d/1 使用/v/1 糖精/n/1 或者/c/1 甚至/c/1 自来水/n/1 代替/v/1 纯净水/n/1 制作/v/1 粉红/b/1 草莓/n/1 看到/v/1 黄/a/1 芒果/n/1 记者/n/1 佯称/v/1 供货/vn/1 商/n/1 取得/v/1 联系/vn/1 对方/n/1 豆/n/1 果粉/n/1 成本/n/1 差不多/al/1 左右/m/1

案例 9：2013 年硫黄熏制"毒生姜"事件

剧毒/n/5 农药/n/5 农丹/nrf/4 记者/n/4 神/n/4 生姜/n/3 潍坊/ns/3 使用/v/3 发现/v/3 包装袋/n/3 报道/v/3 看到/v/2 曝光/vi/2 田间/s/2 山东/ns/2 种植/vn/2 这里/rzs/2 问题/n/2 而是/c/2 成箱/v/2 焦点/n/1 访谈/vi/1 引发/v/1 全国/n/1 舆论/n/1 哗然/z/1 地区/n/1 采访/v/1 意外/a/1 反面/n/1 查获/v/1 本来/d/1 准备/v/1 种植/v/1 市/n/1 收集/v/1 素材/n/1 菜/n/1 蓝/a/1 子/ng/1 工程/n/1 正面/b/1 没有/d/1 想到/v/1 当地/s/1 突然/ad/1 这个/rz/1 蓝色/n/1 上面/f/1 显示/v/1 重量/n/11/m/1 典型/n/1 正面/d/12013 年/t/1 严禁/v/15 月/t/1 蔬菜/n/1 瓜果/n/1 大字/n/1 背面/f/1 骷髅/n/1 标志/n/1 红色/n/1 字样/n/1 大吃一惊/vl/1 公斤/q/1 竟然/d/1 有人/r/1 明目张胆/nl/1 滥用/v/19 日/t/1 一般/a/1 小/a/1 农户/n/1 涉及/v/1 众多/m/1 老百姓/n/1 生命/n/1 安全/an/1 不动声色/vl/13/m/1 时间/n/1 默默/d/1 走访/v/1 峡/ng/1 山区/n/1 王家庄/ns/1 街道/n/1 管辖/v/110/m/1 村庄/n/1 违规/v/1 情况/n/1 比较/d/1 普遍/a/1 地头/s/1 随处/d/1 丢弃/v/1 姜农/n/1 违法/vi/1 偷偷/d/1 公开/ad/1 这种/r/1 立即/d/1 成为/v/1 一个/mq/1 公共/b/1 事件/n/1

案例 10：2011 年塑化剂超标事件

塑化剂/n/10 成分/n/7 苯/n/7 甲酸/n/7 酯/ng/7 药品/n/6 生产/vn/5 两/m/5 产品/n/4 药/n/4 保健食品/n/4 立即/d/3 监/vg/3 局/n/3 乙/m/3 企业/n/3 种/q/3 保健品/n/3 款/q/36

月/t/2 上述/b/2 牌/n/2DBP/n/2 分别/d/2 相关/vn/2 食品/n/2 市场/n/2 国家/n/2 暂停/
v/2 地区/n/2 销售/v/2 要求/n/2 存在/v/2 学/v/2 通知/n/2 药典/n/22010/m/2 版/n/2 药
用/b/2 辅料/n/2 之一/rz/2 主要/d/2 用于/v/2 包衣/n/2 多种/m/1 氨基酸/n/12011 年/t/1
含有/v/1 卫生部/nt/12010 年/t/1 第 16/m/1 公告/n/1 点名/v/1 违法/vn/1 添加剂/n/1 尽
管/c/1 中国/ns/1 台湾/ns/1 检/v/1 不同/a/1 类/n/1 大陆/n/1 本土/n/1 查出/v/1 配方/v/
1 召回/v/13 日/t/1 即时/d/1 报告/v/1 所在地/n/1 监督/vn/1 管理/vn/1 部门/n/1 阴影/n/
1 不仅仅/d/1 之中/f/1 可能/v/1 普遍/ad/16 日/t/1 北大/n/1 医学院/n/1 免疫/vn/1 公众/
n/1 博士/n/1 王月丹/nr/1 进一步/d/1 最为/d/1 滥用/v/1 应该/v/1 他/rr/1 列举/v/1 意
识/vi/1 包括/v/1 钙片/n/1 威胁/vn/1 阿司匹林/n/1 各地/rzs/1 销售/vn/1 允许/v/1 协和/
nz/1 灵芝/n/1 孢子/n/1 此次/rz/1 粉/ag/1 停产/vi/1 注明/v/1 事实上/hl/1 还是/v/1 规
定/v/1 药片/n/1 剂/ng/1 因此/c/1 明确/ad/1 处罚/v/1 声称/v/1 部分/n/1 广泛/ad/1 使
用/v/1 这种/r/1 材料/n/1 业内人士/n/1 介绍/v/1 过程/n/1 片剂/n/1 薄膜/n/1 衣/ng/1
肠/n/1 空心/b/1 胶囊/n/1 常用/a/1 配方/n/1 只要/c/1 药剂/n/1 专业/n/1 人员/n/1 知
道/v/1 这个/rz/1 知识/n/1 大学/n/1 药剂学/n/1 教材/n/1 内容/n/1 控制/vn/1 药物/n/1
肠道/n/1 释放/vn/1 时间/n/1 缓释/v/1 作用/n/1

参考文献

Abir M, Moore M, Chamberlin M, et al. Using timely survey-based information networks to collect data on best practices for public health emergency preparedness and response: illustrative case from the American College of Emergency Physicians' ebola surveys [J]. Disaster Medicine and Public Health Preparedness, 2016, 10 (4): 681−690.

Adam B, Beck U, Loon J V. The risk society and beyond: critical issues for social theory [M]. London: Sage Publications, 2000: 211−229.

Amailef K, Lu J. Ontology-supported case-based reasoning approach for intelligent m-Government emergency response services [J]. Decision Support Systems, 2013, 55 (1): 79−97.

Amaye A, Neville K, Pope A, et al. Collaborative disciplines, collaborative technologies: a primer for emergency management information systems [M] // Pimenidis E, Odeh M. Proceedings of the 9th European Conference on IS Management and Evaluation, 2015: 11−20.

Balfour R E. An Emergency Information Sharing (EIS) framework for effective Shared Situational Awareness (SSA) [C]. 2014 IEEE Long Island Systems, Applications and Technology Conference (Lisat), 2014.

Besaleva L I, Weaver A C. CrowdHelp: M-Health application for emergency response improvement through crowdsourced and sensor-detected information [C]. 2014 Wireless Telecommunications Symposium. IEEE, 2014: 1−5.

Carminati B, Ferrari E, Guglielmi M. A system for timely and controlled information sharing in emergency situations [J]. IEEE Transactions on Dependable and Secure Computing, 2013, 10 (3): 129−142.

Clark R M. Intelligence analysis: a target-centric approach [M]. Washington, D. C.: CQ Press, 2012.

Comes T, Wijngaards N, Maule J, et al. Scenario reliability assessment to support decision makers in situations of severe uncertainty [C]. IEEE International Multi-Disciplinary Conference on Cognitive Methods in Situation Awareness and Decision Support, 2012: 30-37.

Crisan G C, Pintea C M, Palade V. Emergency management using geographic information systems: application to the first Romanian traveling salesman problem instance [J]. Knowledge and Information Systems, 2017, 50 (1): 265-285.

Dan G, Morar L. Information management in emergency situations [C]. Proceedings of the 2nd Review of Management and Economic Engineering Management Conference: Management of Crisis or Crisis of Management?, 2011: 247-253.

Deng Y R, Zhang R H. Model and simulation of network crisis information diffusion under uncertain environment [J]. Scientific Programming, 2016 (4): 1-9.

Ding X, Wang X Q, Dou A X. The development of GIS-based earthquake field emergency command management information system [C]. 2012 IEEE International Geoscience and Remote Sensing Symposium, 2012: 539-542.

Dusse F, Júnior P S, Alves A T, et al. Information visualization for emergency management: a systematic mapping study [J]. Expert Systems with Applications, 2015, 45 (3): 424-437.

Erd M, Schaeffer F, Kostic M, et al. Event monitoring in emergency scenarios using energy efficient wireless sensor nodes for the disaster information management [J]. International Journal of Disaster Risk Reduction, 2016, 16 (6): 33-42.

Fan B. The impact of information technology capability, information sharing and government process redesign on the operational performance of emergency incident management systems [J]. Information Research, 2013, 18 (4): 1-18.

Fingar T. Reducing uncertainty: intelligence analysis and national security [M]. Palo Alto: Stanford University Press, 2011.

Fink S. Crisis management: planning for the inevitable [M]. [S. l.]: American Management Association, 1986.

Freberg K, Palenchar M J, Veil S R. Managing and sharing H1N1 crisis information using social media bookmarking services [J]. Public Relations Review, 2013, 39 (3): 178—184.

Gao C J, Zhu Y L. Comments on grounded theory research method [J]. Advances in Psychology, 2015 (5): 193—197.

Gotham I J, Le L H, Sottolano D L, et al. An informatics framework for public health information systems: a case study on how an informatics structure for integrated information systems provides benefit in supporting a statewide response to a public health emergency [J]. Information Systems and E-Business Management, 2015, 13 (4): 713—749.

Grier N L, Homish G G, Rowe D W, et al. Promoting information sharing for multijurisdictional public health emergency preparedness [J]. Journal of Public Health Management and Practice, 2011, 17 (1): 84—89.

Hernandez J Z, Serrano J M. Knowledge-based models for emergency management systems [J]. Expert Systems with Applications, 2001, 20 (2): 173—186.

Kilgore R, Godwin A, Davis A, et al. A Precision Information Environment (PIE) for emergency responders: providing collaborative manipulation, role-tailored visualization, and integrated access to heterogeneous data [C]. Technologies for Homeland Security (HST), 2013 IEEE International Conference, 2013: 766—771.

Landman A, Teich J M, Pruitt P, et al. The Boston marathon bombings mass casualty incident: one emergency department's information systems challenges and opportunities [J]. Annals of Emergency Medicine, 2015, 66 (1): 51—59.

Lasswell H D. The decision process: seven categories of functional analysis [M]. Bureau of Governmental Research, College of Business and Public Administration, University of Maryland, 1956.

Liang Y, Jiang W G, Huang C F. Methods of heterogeneous multi-source information fusion and applications in emergency monitoring and early warning [M] //Huang C, Bao Y, Zhao S. Information Technology for Risk Analysis and Crisis Response. Paris: Atlantis Press, 2014: 316—321.

Netten N, Van Den Braak S, Choenni S, et al. A big data approach to support information distribution in crisis response [C]. 9th International Conference on Theory and Practice of Electronic Governance (Icegov 2016), 2016: 266−275.

Ozbek E D, Zlatanova S, Aydar S A, et al. 3D Geo-information requirements for disaster and emergency management [M] //Halounova L, Li S, Safar V, et al. XXIII ISPRS Congress, Commission II, 2016: 101−108.

Postma T J B M, Liebl F. How to improve scenario analysis as a strategic management tool? [J]. Technological Forecasting and Social Change, 2005, 72 (2): 161−173.

Pottebaum J, Schaefer C, Kuhnert M, et al. Common information space for collaborative emergency management [C]. 2016 IEEE Symposium on Technologies for Homeland Security (Hst), 2016.

Power R, Robinson B, Wise C, et al. Information integration for emergency management: recent csiro case studies [C]. 20th International Congress on Modelling and Simulation (Modsim2013), 2013: 2061−2067.

Rimstad R, Nja O, Rake E L, et al. Incident command and information flows in a large-scale emergency operation [J]. Journal of Contingencies and Crisis Management, 2014, 22 (1): 29−38.

Shen M, Carswell M, Santhanam R, et al. Emergency management information systems: could decision makers be supported in choosing display formats? [J]. Decision Support Systems, 2012, 52 (2): 318−330.

Spulak P. Web services and information support during emergencies [C] // Proceedings of the 4th International Conference on Cartography and GIS. Albena: Bulgarian Cartographic Association, 2012: 39−45.

Strauss A L. Qualitative analysis for social scientists [M]. Cambridge: Cambridge University Press, 1987.

Suganthe R C, Sreekanth G R. Emergency health information and medical services in disaster areas: a delay tolerant network approach [J]. Journal of Medical Imaging and Health Informatics, 2016, 6 (8): 1990−1996.

Sun Q F, Kong F S, Zhang L, et al. Construction of emergency evacuation information system based on the internet of things [J]. Information, 2012, 15 (12a): 5363−5370.

Swart R J, Raskin P, Robinson J. The problem of the future: sustainability science and scenario analysis [J]. Global Environmental Change, 2004, 14 (2): 137-146.

Tsai M K, Yau N J. Improving information access for emergency response in disasters [J]. Natural Hazards, 2013, 66 (2): 343-354.

Vaz N, Alturas B, Fernandes A L. Information system for emergency management in Mozambique: critical success factors [C] //Rocha A, Reis L P, Cota M P, et al. 2016 11th Iberian Conference on Information Systems and Technologies, 2016.

Voshell M, Guarino S, Tittle J, et al. Supporting representation management in intelligence analysis through automated decision aids [C]. Proceedings of the Human Factors and Ergonomics Society 58th Annual Meeting, 2014: 390-394.

Walsh P F. Building better intelligence frameworks through effective governance [J]. International Journal of Intelligence and Counterintelligence, 2015, 28 (1): 123-142.

鲍磊. 现代性反思中的风险——评吉登斯的社会风险理论 [J]. 社会科学评论, 2007 (2): 84-88.

曹海林, 陈玉清. 我国灾害应急管理信息沟通的现实困境及其应对 [J]. 电子科技大学学报 (社科版), 2012, 14 (3): 20-24.

曹蓉, 夏德雨, 朱序. 基于扎根理论的管理者应急决策模式构建研究 [J]. 西北大学学报 (哲学社会科学版), 2017, 47 (3): 113-118.

陈淑伟. 我国公共危机管理研究的主题与视域 [J]. 中共南京市委党校南京市行政学院学报, 2007 (1): 46-50.

陈向明. 扎根理论的思路和方法 [J]. 教育研究与实验, 1999 (4): 58-63.

陈祖琴. 面向应急情报采集与组织的突发事件特征词典编制 [J]. 图书与情报, 2015 (3): 26-33.

储节旺, 郭春侠. 突发事件应急决策的情报支持作用研究 [J]. 情报理论与实践, 2015 (11): 6-10, 5.

储节旺, 朱玲玲. 情报视角下的网络突发事件应急管理研究 [J]. 情报杂志, 2016, 35 (9): 99-103.

丁敬达. 政府危机管理过程中的信息活动分析 [J]. 情报杂志, 2008 (6): 88-90.

董坚峰. 面向公共危机预警的网络舆情分析研究 [D]. 武汉: 武汉大学, 2013.

范维澄. 国家应急平台体系建设现状与发展趋势〔A〕//中国灾害防御协会，第三届中国突发事件防范与快速处置大会组委会. 中国突发事件防范与快速处置优秀成果选编，2009.

范炜，胡康林. 面向突发事件应急决策的情报支撑作用研究〔J〕. 图书情报工作，2014，58（23）：19−25.

付文达，戴艳梅，王一帆. 基于综合集成方法的反恐全源情报分析体系研究〔J〕. 情报杂志，2015，34（12）：21−27.

高恩新. 从非常态管理到常态管理——西方危机管理理论综述〔J〕. 复旦公共行政评论，2007（1）：41−56.

龚花萍，陈鑫，高洪新. 突发事件预警及决策多信息系统的协同架构模型研究〔J〕. 情报科学，2016（12）：31−35.

郭春侠，张静. 突发事件应急决策的快速响应情报体系构建研究〔J〕. 情报理论与实践，2016，39（5）：53−57，68.

郭骅，苏新宁，邓三鸿. "智慧城市"背景下的城市应急管理情报体系研究〔J〕. 图书情报工作，2016，60（15）：28−36，52.

国务院办公厅国务院应急管理办公室. 基层突发事件信息员队伍建设情况调研报告〔J〕. 中国应急管理，2013（2）：8−10.

侯光辉，王元地. 邻避危机何以愈演愈烈——一个整合性归因模型〔J〕. 公共管理学报，2014，11（3）：80−92，142.

华梅. 德国应急管理考察及体会〔J〕. 中国应急管理，2010（3）：49−55.

姜卉，侯建盛. 基于情景重建的非常规突发事件应急处置方案的快速生成方法研究〔J〕. 中国应急管理，2012（1）：14−20.

姜金贵，张鹏飞，付棣，等. 群体性突发事件诱发因素及发生机理研究——基于扎根理论〔J〕. 情报杂志，2015，34（1）：150−155.

蒋德良. 基于规则匹配的突发事件结果信息抽取研究〔J〕. 计算机工程与设计，2010，31（14）：3294−3297.

蒋勋，毛燕，苏新宁，等. 突发事件驱动的信息语义组织与跨领域协同处理模型〔J〕. 情报理论与实践，2014，37（11）：114−119，123.

瞿志凯，兰月新，夏一雪，等. 大数据背景下突发事件情报分析模型构建研究〔J〕. 现代情报，2017，37（1）：45−50.

寇纲，彭怡，石勇. 突发公共事件应急信息系统框架与功能〔J〕. 管理评论，2011，23（3）：56−59.

雷志梅，王延章，裘江南. 应急决策过程中信息缺失的研究〔J〕. 情报杂志，

2013，32（6）：10−13，18.

李诚. 我国转型期社会风险及其治理的理论思考——基于风险社会理论的分析
　　［J］. 学术界，2011（3）：21−27，251−255.

李锋，王慧敏. 基于知识元的非常规突发洪水应急情景分析与表达研究［J］.
　　软科学，2016，30（4）：140−144.

李纲，李阳. 关于突发事件情报失察的若干探讨［J］. 情报理论与实践，
　　2015，38（7）：1−6.

李纲，李阳. 情报视角下的突发事件监测与识别研究［J］. 图书情报工作，
　　2014，58（24）：66−72.

李纲，李阳. 智慧城市应急决策情报体系构建研究［J］. 中国图书馆学报，
　　2016（3）：39−54.

李俊，聂应德. 日本灾害信息系统及其运作：经验与启示［J］. 东南亚纵横，
　　2009（2）：101−105.

李琦，朱庆华，李强，等. 危机管理过程中的情报搜集［J］. 情报资料工作，
　　2005（6）：31−33.

李赛，董庆兴，王伟军. 突发事件应急信息监测系统中的存储优化研究［J］.
　　情报科学，2016，34（9）：40−44.

李仕明，张志英，刘樑，等. 非常规突发事件情景概念研究［J］. 电子科技大
　　学学报（社科版），2014，16（1）：1−5.

李晓燕. 知识管理框架下的政府危机信息管理模型［J］. 学术探索，2012（1）：
　　62−65.

李阳，李纲. 应急决策情报体系：历史演进、内涵定位与发展思考［J］. 情报
　　理论与实践，2016，39（4）：8−13.

李勇建，王治莹，王姝玮. 基于多案例研究的群体性突发事件结构化描述与控
　　制决策［J］. 系统管理学报，2016，25（6）：1099−1107.

林曦，姚乐野. 我国突发事件应急管理的情报工作现状与问题分析［J］. 图书
　　情报工作，2014，58（23）：12−18.

刘德海，王维国，孙康. 基于演化博弈的重大突发公共卫生事件情景预测模型
　　与防控措施［J］. 系统工程理论与实践，2012，32（5）：937−946.

刘德海，尹丽娟. 基于情景分析的城市拆迁突发事件博弈均衡演化模型［J］.
　　管理评论，2012，24（5）：154−159.

刘铁民，李湖生，邓云峰. 突发公共事件应急信息系统平战结合［J］. 中国安
　　全生产科学技术，2005，1（5）：3−7.

刘铁民. 重大突发事件情景规划与构建研究 [J]. 中国应急管理，2012（4）：18−23.

刘奕，刘艺，张辉. 非常规突发事件应急管理关键科学问题与跨学科集成方法研究 [J]. 中国应急管理，2014（1）：10−15.

娄伟. 情景分析理论与方法 [M]. 北京：社会科学文献出版社，2012.

麻庭光. 交运事故背后的消防改革 [EB/OL].（2015−08−13）[2018−09−09]. http://blog.sciencenet.cn/blog-302992-912700.html.

马创新. 论知识表示 [J]. 现代情报，2014，34（3）：21−24，28.

马骁霏，仲秋雁，曲毅，等. 基于情景的突发事件链构建方法 [J]. 情报杂志，2013，32（8）：155−158，149.

毛汉文. 对突发公共卫生事件开展情报服务的探索 [J]. 医学信息学杂志，2009，30（2）：6−8.

门红，土晶. 基于情景分析的生产安全事故应急物资的协调储备优化研究 [J]. 中国安全生产科学技术，2017，13（10）：64−68.

民政部灾害信息管理项目建设考察团. 加快灾害信息管理系统建设——美国、日本灾害应急管理系统建设启示 [J]. 中国减灾，2004（5）：49−51.

潘斌. 社会风险论 [M]. 北京：中国社会科学出版社，2011.

裴顺强，孙健，缪旭明，等. 国家突发事件预警信息发布系统设计 [J]. 中国应急管理，2012（8）：32−35.

裘江南，王雪华. 突发事件应急知识管理的模型与方法 [M]. 北京：科学出版社，2016.

沙勇忠，李文娟. 公共危机信息管理 EPMFS 分析框架 [J]. 图书与情报，2012（6）：81−90.

沙勇忠，曾小芳. 基于扎根理论的环境维权类群体性事件演化过程分析——以厦门 PX 事件为例 [J]. 兰州大学学报（社会科学版），2013，41（4）：94−101.

沙勇忠. 公共危机信息管理 [M]. 北京：中国社会科学出版社，2014.

盛勇，孙庆云，王永明. 突发事件情景演化及关键要素提取方法 [J]. 中国安全生产科学技术，2015，11（1）：17−21.

史秉能，袁有雄，卢胜军. 钱学森科技情报工作及相关学术文选 [M]. 北京：国防工业出版社，2015.

宋劲松，邓云峰. 中美德突发事件应急指挥组织结构初探 [J]. 中国行政管理，2011（1）：74−77.

宋之杰，李鑫. 新媒体下群体性突发事件演化影响因素研究 [J]. 现代传播，2017 (3)：52－57.

苏剑. 突发公共危机中情报互通的障碍与解决对策 [J]. 法制与社会，2016 (9)：163－164.

苏新宁，朱晓峰. 面向突发事件应急决策的快速响应情报体系构建 [J]. 情报学报，2014，33 (12)：1264－1276.

孙健，白静玉. 国家突发事件预警信息发布系统的建设与应用 [J]. 中国应急管理，2016 (6)：77－79.

孙山. 民航"重大突发事件情景构建"应用实例探讨 [J]. 中国安全生产科学技术，2014，10 (4)：173－177.

王静茹，宋绍成. 突发事件应急管理的多模态危机情报融合体系构建 [J]. 情报科学，2016，34 (12)：55－58，69.

王兰成. 基于网络舆情分析的突发事件情报支援研究 [J]. 情报理论与实践，2015，38 (7)：72－75.

王宁，陈湧，郭玮，等. 基于知识元的突发事件案例信息抽取方法 [J]. 系统工程，2014 (12)：133－139.

王兴兰，杨楠，乔欢. 突发事件信息管理模块研究 [J]. 情报杂志，2010，29 (S1)：1－2，9.

吴倩，谈伟，盖文妹. 基于动态贝叶斯网络的民航突发事件情景分析研究 [J]. 中国安全生产科学技术，2016，12 (3)：169－174.

吴叶葵. 突发事件应急系统中的信息管理和信息服务 [J]. 信息化建设，2006 (4)：24－27.

吴喆华，管昕，杨振. 深圳滑坡被定性为安全事故 盘点滑坡失守五环节 [EB/OL]. (2015－12－26) [2018－09－09]. http://news. sohu. com/20151226/n432657068. shtml.

向立文. 突发事件信息管理机制研究 [J]. 图书情报工作，2009，53 (7)：55－58.

徐宝祥，叶培华. 知识表示的方法研究 [J]. 情报科学，2007，25 (5)：690－694.

徐绪堪，房道伟，魏建香. 药品安全性突发事件情报分析框架构建 [J]. 情报杂志，2014，33 (12)：25－29.

徐绪堪，赵毅，王京，等. 城市水灾害突发事件情报分析框架构建 [J]. 情报杂志，2015，34 (8)：21－25.

徐绪堪，钟宇翀，魏建香，等．基于组织—流程—信息的突发事件情报分析框架构建［J］．情报理论与实践，2015，38（4）：70－73．

许君宁．基于知网语义相似度的中文文本聚类方法研究［D］．西安：西安电子科技大学，2010．

杨峰，姚乐野，范炜．情景嵌入的突发事件情报感知：资源基础与实现路径［J］．情报资料工作，2016（2）：39－44．

杨峰，姚乐野．WSR 描述下的快速响应情报体系：一个综合集成的框架［J］．情报资料工作，2017（3）：11－17．

杨丽英，雷勇．面向信息处理的突发事件语料库分类体系研究［J］．网络安全技术与应用，2012（3）：29－31．

姚春序，黄超，廖中举．扎根理论视域下企业实验型文化维度构成［J］．科技进步与对策，2017，34（19）：87－91．

姚乐野，范炜．突发事件应急管理中的情报本征机理研究［J］．图书情报工作，2014，58（23）：6－11．

叶光辉，李纲．多阶段多决策主体应急情报需求及其作用机理分析——以城市应急管理为背景［J］．情报杂志，2015，34（6）：27－32．

叶宇婷，许晔．天津爆炸消防员：出警时并不知道起火原因［EB/OL］．（2015－08－14）［2018－09－09］．http://news.ifeng.com/a/20150814/44423078_0.shtml．

尹念红，土增强，蒲云．面向公共工程突发事件的语言信息应急决策方法［J］．中国安全科学学报，2013，23（5）：161－165．

应急救援产业技术创新战略联盟，战略研究组．平台建设引领应急管理信息化有序、快速发展［J］．中国信息界，2013（5）：84－91．

袁莉，杨巧云．重特大灾害应急决策的快速响应情报体系协同联动机制研究［J］．四川大学学报（哲学社会科学版），2014（3）：116－124．

袁莉，姚乐野．基于 EA 的快速响应情报体系顶层设计研究［J］．图书情报工作，2016，60（23）：16－22．

袁莉，姚乐野．应急管理中的"数据—资源—应用"情报融合模式探索［J］．图书情报工作，2014，58（23）：26－32．

袁莉，姚乐野．政府应急管理信息化困境及解决之道［J］．西南民族大学学报（人文社会科学版），2016（1）：147－151．

岳珍，赖茂生．国外"情景分析"方法的进展［J］．情报杂志，2006（7）：59－60，64．

曾大军，曹志冬. 突发事件态势感知与决策支持的大数据解决方案［J］. 中国应急管理，2013（11）：15－23.

张海波. 专栏导语：风险灾害危机研究的概念体系［J］. 风险灾害危机研究，2017（1）：1－9.

张海涛，支凤稳，刘阔，等. 政府公共危机信息预警流程与控制研究［J］. 图书情报工作，2012，56（17）：21－25.

张家年，马费成. 我国国家安全情报体系构建及运作［J］. 情报理论与实践，2015，38（8）：5－10.

张文领，姜韶华. 基于框架表示法的工程项目案例知识表示研究［J］. 建筑管理现代化，2009，23（6）：547－550.

张小趁，陈红旗. 基于情景应对模式的突发地质灾害应急防治探讨［J］. 人民长江，2015，46（23）：29－33.

张政. 美国重构应急体系后加强突发事件信息工作的主要做法及特点［J］. 中国应急管理，2016（1）：78－79.

赵冰峰. 论情报（下）——情报活动机理及和平建设型国家情报体系［J］. 情报杂志，2015，34（8）：1－6.

赵刚. 我国亟待建立国家竞争情报体系［J］. 管理科学文摘，2004（2）：6－8.

赵林度，杨世才. 基于 Multi-Agent 的城际灾害应急管理信息和资源协同机制研究［J］. 灾害学，2009，24（1）：139－143.

赵思健，黄崇福，郭树军. 情景驱动的区域自然灾害风险分析［J］. 自然灾害学报，2012，21（1）：9－17.

钟开斌. 信息与应急决策：一个解释框架［J］. 中国行政管理，2013（8）：106－111.

周玲. 危机管理过程中情报组织工作流程新范式研究［J］. 情报杂志，2007（6）：48－51.

周玲. 危机管理中导致情报失误的因素［J］. 情报杂志，2005（3）：81－84.

朱建锋，丁雯. 突发公共事件应急管理信息共享研究［J］. 武汉理工大学学报（信息与管理工程版），2011，33（3）：435－439.

朱晓峰，冯雪艳，王东波. 面向突发事件的情报体系研究［J］. 情报理论与实践，2014，37（4）：77－80，97.

祝明. 从"马航事件"看突发事件信息管理的发展方向［J］. 行政管理改革，2014（7）：34－38.